# THEO VON TAANE

# FUNCRAFT
## THE BEST UNOFFICIAL MATH COLORING BOOK FOR MINECRAFT FANS

NOT AN OFFICIAL MINECRAFT PRODUCT. NOT APPROVED BY OR ASSOCIATED WITH MOJANG.

-----------------------------------------------------------

Bibliografische Information der Deutschen Nationalbibliothek:
Die Deutsche Nationalbibliothek verzeichnet diese Publikation in der Deutschen Nationalbibliografie; detaillierte bibliografische Daten sind im Internet über http://dnb.dnb.de abrufbar.

© 2017 Theo von Taane; 3. Auflage
Covergraphic, Text & Illustrations © 2017 Theo von Taane

Herstellung und Verlag: BoD – Books on Demand, Norderstedt

ISBN: 9783743138933

# Content:                                                Page

1.   **MINECRAFTER IN DIAMOND ARMOR** (Basic Addition)   4
2.   **GHAST** (Basic Addition)                          5
3.   **ALEX** (Basic Addition)                           6
4.   **HEROBRINE** (Basic Addition)                      7
5.   **ENDERMAN** (Advanced Addition)                    8
6.   **CREEPER** (Advanced Addition)                     9
7.   **FOX** (Advanced Addition)                         10
8.   **BLAZE** (Basic Subtraction)                       11
9.   **WITCH** (Basic Subtraction)                       12
10.  **WITHER BOSS** (Basic Subtraction)                 13
11.  **STEVE** (Basic Subtraction)                       14
12.  **IRON GOLEM** (Advanced Subtraction)               15
13.  **SNOW GOLEM** (Advanced Subtraction)               16
14.  **ENDER DRAGON** (Advanced Subtraction)             17
15.  **MOSHROOM** (Basic Multiplication)                 18
16.  **ZOMBIE** (Basic Multiplication)                   19
17.  **VILLAGER** (Basic Multiplication)                 20
18.  **SKELETON** (Basic Multiplication)                 21
19.  **SQUID** (Advanced Multiplication)                 22
20.  **SPIDER** (Advanced Multiplication)                23
21.  **OCELOT** (Advanced Multiplication)                24
22.  **WOLF** (Basic Division)                           25
23.  **CHICKEN** (Basic Division)                        26
24.  **SHEEP** (Basic Division)                          27
25.  **PIG** (Basic Division)                            28
26.  **HORSE** (Advanced Division)                       29
27.  **RABBIT** (Advanced Division)                      30
28.  **ZOMBIE PIGMAN** (Advanced Division)               31
29.  **COW** (Mixed)                                     32
30.  **ENDERMITE** (Mixed)                               33

**Overview pictures** (Solutions)                        34
**Paint your own Minecraft creature**                    38

# 1. STEVE WITH DIAMOND ARMOR          *BASIC ADDITION*

| | | | | | | | | | | | | | | | | | |
|---|---|---|---|---|---|---|---|---|---|---|---|---|---|---|---|---|---|
| 6+0 | 2+2 | 1+4 | 5+1 | 8+2 | 4+6 | 7+3 | 2+8 | 10+0 | 9+1 | 6+4 | 8+2 | 3+7 | 4+6 | 2+2 | 3+2 | 3+3 | 4+1 |
| 2+2 | 3+2 | 3+3 | 4+1 | 5+5 | 7+3 | | 2+5 | 4+4 | 6+1 | 6+2 | 3+4 | 2+8 | 7+3 | 6+0 | 2+2 | 1+4 | 5+1 |
| 3+0 | 1+2 | 2+1 | 3+2 | 8+2 | 5+5 | | 5+3 | 2+5 | 0+7 | 6+1 | 4+4 | 6+4 | 5+5 | 3+3 | 1+2 | 3+0 | 2+3 |
| 4+2 | 2+3 | 1+3 | 4+0 | 9+1 | 4+6 | 8+2 | 5+5 | 4+4 | 2+6 | 6+4 | 5+5 | 8+2 | 4+6 | 4+2 | 2+3 | 1+3 | 4+0 |
| 5+0 | 1+3 | 5+1 | 2+4 | 7+3 | 5+4 | 5+4 | 1+8 | | 2+8 | 4+5 | 3+6 | 8+1 | 6+4 | 2+2 | 3+2 | 3+3 | 4+1 |
| 2+2 | 3+2 | 3+3 | 4+1 | 10+0 | 9+0 | | 2+2 | 4+6 | 9+1 | 2+3 | | 7+2 | 8+2 | 5+0 | 1+3 | 5+1 | 2+4 |
| 5+0 | 4+2 | 2+3 | 1+3 | 4+0 | 2+7 | 4+5 | 3+6 | 1+0 | 0+1 | 0+9 | 4+5 | 6+3 | 4+2 | 2+3 | 1+3 | 4+0 | 3+3 |
| 2+1 | 3+0 | 0+5 | 2+2 | 1+2 | 1+8 | 7+2 | 1+4 | 4+5 | 8+1 | 5+0 | 2+7 | 5+4 | 2+1 | 3+0 | 3+3 | 1+3 | 0+3 |
| 1+4 | 2+2 | 3+2 | 6+0 | 3+3 | 2+7 | 9+0 | 2+2 | 3+2 | 3+3 | 4+1 | 3+6 | 2+7 | 5+0 | 2+2 | 3+2 | 3+3 | 4+1 |
| 0+6 | 3+7 | 5+5 | 7+3 | 8+2 | 3+7 | 1+9 | 3+6 | 5+4 | 4+5 | 3+6 | 9+1 | 4+6 | 8+2 | 5+5 | 10+0 | 3+7 | 0+6 |
| 4+0 | 2+8 | | | 5+5 | 2+8 | | 7+1 | 9+0 | 3+6 | 5+3 | 6+2 | 7+3 | 5+5 | | | 2+8 | 4+0 |
| 2+2 | 6+4 | | 5+3 | 8+2 | 6+4 | | | 3+4 | 8+0 | | 2+5 | 5+5 | 8+2 | 5+3 | | 6+4 | 2+2 |
| 3+3 | 8+2 | 6+2 | 8+0 | 9+1 | 8+2 | | 4+3 | 2+5 | | 4+3 | 1+7 | 4+6 | 9+1 | 8+0 | 6+2 | 8+2 | 3+3 |
| 2+0 | 10+0 | 5+5 | 7+3 | 2+8 | 0+10 | | 6+1 | 0+7 | 3+4 | 2+5 | 4+4 | 6+4 | 7+3 | 5+5 | 7+3 | 10+0 | 0+2 |
| 1+1 | 9+0 | 3+6 | 5+4 | 1+8 | 9+1 | 0+7 | 1+7 | 6+2 | 4+4 | 5+3 | 2+5 | 8+2 | 4+5 | 2+7 | 9+0 | 3+6 | 1+1 |
| 0+2 | 3+6 | 6+3 | 9+0 | 8+1 | 4+6 | | 4+3 | 2+5 | 6+1 | 8+0 | 4+3 | 3+7 | 5+4 | 8+1 | 3+6 | 6+3 | 2+0 |
| 1+1 | 8+1 | 0+9 | 2+7 | 1+8 | 7+3 | 6+2 | 4+4 | 1+7 | 2+6 | 3+4 | 3+4 | 2+8 | 0+9 | 7+2 | 8+1 | 4+5 | 1+1 |
| 2+0 | 4+5 | 5+4 | 7+2 | 1+8 | 5+5 | 1+9 | 0+7 | 6+1 | 5+3 | 2+5 | 7+3 | 6+4 | 1+8 | 6+3 | 4+5 | 5+4 | 0+2 |
| 1+1 | 2+7 | 0+9 | 2+7 | 7+2 | 4+6 | 1+7 | 8+2 | 4+6 | 10+0 | 9+1 | 2+5 | 8+2 | 6+5 | 5+4 | 2+7 | 0+9 | 1+1 |
| 0+2 | 3+6 | 5+4 | 4+5 | 3+6 | 6+4 | 6+1 | 7+0 | 8+2 | 4+6 | 0+8 | 4+3 | 0+10 | 3+6 | 2+7 | 3+6 | 5+4 | 2+0 |
| 2+0 | 9+0 | 3+6 | 5+4 | 1+8 | 8+2 | 10+0 | 5+5 | 7+3 | 2+8 | 10+0 | 9+1 | 6+4 | 4+5 | 6+3 | 9+0 | 3+6 | 1+1 |

blank squares are white

**Key:**

| | | | | | | | | | | |
|---|---|---|---|---|---|---|---|---|---|---|
| **10** | dark blue | **9** | light pink | **7,8** | light blue | **4,5,6** | black | **3** | red | |
| **2** | grey | **1** | brown | | | | | | | |

# 2. GHAST

*BASIC ADDITION*

| | | | | | | | | | | | | | | | | | |
|---|---|---|---|---|---|---|---|---|---|---|---|---|---|---|---|---|---|
| 4+1 | 3+2 | 3+3 | 4+3 | 6+2 | 1+9 | 4+6 | 3+4 | 8+2 | 3+7 | 7+0 | 10+0 | 4+6 | 2+5 | 1+7 | 3+3 | 1+0 | 4+2 |
| 2+4 | 5+0 | 1+5 | 8+0 | 7+3 | 5+3 | 1+7 | 9+1 | 3+6 | 5+4 | 1+8 | 6+2 | 6+1 | 8+2 | 5+2 | 2+3 | 5+1 | 6+0 |
| 0+1 | 3+3 | 1+4 | 3+6 | 5+4 | 1+8 | 6+5 | 4+8 | 5+5 | 3+6 | 2+7 | 3+6 | 5+4 | 4+5 | 3+6 | 1+4 | 3+3 | 4+2 |
| 1+5 | 6+0 | 4+2 | 3+7 | 4+4 | 1+1 | 0+2 | 2+0 | 3+7 | 9+1 | 0+2 | 1+1 | 2+0 | 6+1 | 6+4 | 0+1 | 6+0 | 3+2 |
| 2+3 | 0+5 | 3+3 | 6+4 | 2+8 | 0+10 | 2+6 | 3+4 | 5+4 | 1+8 | 7+2 | 9+0 | 3+7 | 10+0 | 2+8 | 0+5 | 4+1 | 3+3 |
| 4+2 | 1+0 | 1+5 | 3+6 | 5+4 | 1+8 | 8+2 | 5+5 | 9+0 | 8+1 | 5+4 | 3+6 | 7+2 | 4+6 | 1+9 | 1+5 | 1+0 | 1+4 |
| 2+4 | 0+5 | 1+4 | 4+4 | 2+5 | 6+1 | 1+9 | 10+0 | 2+7 | 2+7 | 8+1 | 7+2 | 4+3 | 3+4 | 0+7 | 3+2 | 3+3 | 0+1 |
| 3+2 | 3+3 | 1+5 | 3+6 | 2+7 | 3+6 | 5+4 | 4+5 | 3+6 | 1+8 | 0+9 | 4+5 | 6+4 | 7+3 | 9+1 | 4+2 | 0+5 | 6+0 |
| 0+1 | 4+2 | 2+3 | 2+6 | 3+4 | 1+9 | 6+4 | 0+10 | 2+7 | 2+7 | 0+9 | 2+7 | 5+5 | 2+5 | 8+0 | 1+4 | 1+0 | 2+3 |
| 2+4 | 1+5 | 4+1 | 8+2 | 7+3 | 4+6 | 7+2 | 1+1 | 0+2 | 2+0 | 1+1 | 9+0 | 3+6 | 5+4 | 1+8 | 3+3 | 0+1 | 1+5 |
| 0+6 | 3+3 | 0+1 | 4+4 | 3+6 | 2+7 | 3+6 | 5+4 | 4+5 | 3+6 | 6+4 | 1+9 | 4+6 | 10+0 | 4+4 | 0+5 | 4+2 | 1+0 |
| 1+0 | 4+2 | 1+5 | 6+4 | 2+8 | 4+3 | 3+4 | 0+7 | 6+2 | 7+0 | 4+4 | 2+5 | 6+1 | 7+3 | 9+1 | 0+1 | 3+3 | 6+0 |
| 1+4 | 3+2 | 3+3 | 1+0 | 1+7 | 2+5 | 3+3 | 0+1 | 2+5 | 6+2 | 5+1 | 0+1 | 4+4 | 3+4 | 6+0 | 1+4 | 1+2 | 2+4 |
| 1+5 | 1+2 | 2+4 | 6+0 | 2+5 | 6+1 | 6+0 | 3+2 | 6+2 | 3+4 | 1+0 | 5+0 | 0+7 | 0+7 | 1+0 | 3+2 | 1+5 | 4+2 |
| 4+1 | 3+3 | 4+2 | 1+5 | 5+3 | 1+7 | 3+0 | 1+5 | 1+7 | 4+4 | 1+4 | 3+0 | 6+2 | 6+1 | 5+1 | 3+0 | 0+5 | 3+3 |
| 0+5 | 3+2 | 3+0 | 2+1 | 6+1 | 4+3 | 4+1 | 3+3 | 6+1 | 6+1 | 2+1 | 3+3 | 2+5 | 8+0 | 3+3 | 1+4 | 4+2 | 1+2 |
| 0+3 | 1+5 | 3+3 | 2+3 | 4+1 | 4+4 | 6+1 | 5+0 | 0+3 | 2+6 | 3+4 | 0+3 | 6+0 | 6+2 | 6+2 | 3+0 | 2+3 | 6+0 |
| 4+2 | 1+4 | 5+1 | 2+1 | 3+3 | 0+7 | 4+4 | 2+1 | 5+1 | 5+3 | 1+7 | 4+2 | 1+2 | 1+7 | 2+5 | 2+1 | 1+2 | 5+1 |
| 2+2 | 1+2 | 3+0 | 1+3 | 0+3 | 3+4 | 0+7 | 4+2 | 2+2 | 4+4 | 2+5 | 1+3 | 3+0 | 6+1 | 6+2 | 4+2 | 1+3 | 0+3 |
| 4+0 | 2+2 | 0+4 | 3+1 | 2+2 | 4+3 | 6+2 | 3+1 | 1+2 | 7+0 | 5+3 | 2+2 | 3+1 | 2+5 | 1+7 | 4+0 | 2+2 | 3+1 |
| 3+1 | 1+3 | 2+2 | 4+0 | 1+3 | 2+5 | 2+5 | 2+2 | 0+4 | 6+2 | 8+0 | 4+4 | 2+2 | 3+4 | 6+1 | 1+3 | 0+4 | 2+2 |

**Key:**

**blank squares are white**

| | | | | | | | | | |
|---|---|---|---|---|---|---|---|---|---|
| **9,10** | **light grey** | **7,8** | **grey** | **5,6** | **blue** | **4** | **red** | **3** | **orange** |
| **2** | **black** | **1** | **yellow** | | | | | | |

# 3. ALEX　　　　　　　　　　　　　　　　　　　　　　　　BASIC ADDITION

| | | | | | | | | | | | | | | | | |
|---|---|---|---|---|---|---|---|---|---|---|---|---|---|---|---|---|
| 2+7 | 3+6 | 9+0 | 6+3 | 9+0 | 3+3 | 2+4 | 1+5 | 6+0 | 3+3 | 5+1 | 2+4 | 1+5 | 2+7 | 5+4 | 3+6 | 6+3 | 9+0 |
| 3+6 | 4+5 | 3+6 | 8+1 | 3+6 | 5+1 | 4+2 | 3+3 | 2+4 | 0+6 | 1+5 | 4+2 | 3+3 | 8+1 | 1+2 | 4+5 | 8+1 | 4+0 |
| 1+8 | 5+4 | 7+2 | 2+2 | 8+1 | 4+2 | 1+5 | 0+6 | 3+3 | 8+0 | 6+2 | 6+0 | 2+4 | 7+2 | 0+9 | 5+4 | 5+0 | 2+3 |
| 8+1 | 2+1 | 4+5 | 3+6 | 4+5 | 6+0 | 4+2 | 5+1 | 7+1 | 2+6 | 3+5 | 1+7 | 3+3 | 6+3 | 0+5 | 4+1 | | |
| 2+7 | 5+4 | 2+7 | 4+5 | 2+7 | 4+4 | | 1+0 | 5+3 | 4+4 | 0+1 | | 6+2 | 2+3 | 3+2 | 5+0 | 3+2 | 1+4 |
| 6+3 | 9+0 | 8+1 | 5+4 | 3+6 | 3+5 | 7+1 | 2+6 | 0+8 | 1+7 | 3+5 | 2+6 | 3+5 | 3+2 | | | 0+5 | 2+3 |
| 1+2 | 2+7 | 7+2 | 0+3 | 9+0 | 7+1 | 4+4 | 6+2 | 1+1 | 0+2 | 5+3 | 4+4 | 1+7 | 1+4 | 5+0 | 4+1 | 2+7 | 9+0 |
| 5+4 | 1+8 | 6+3 | 7+2 | 3+6 | 5+3 | 6+2 | 3+5 | 2+6 | 7+1 | 8+0 | 3+5 | 2+6 | 2+3 | 2+7 | 4+5 | 8+1 | 3+6 |
| 1+3 | 2+7 | 1+9 | 7+3 | 1+9 | 7+3 | 1+6 | 1+7 | 4+4 | 3+5 | 4+2 | 0+6 | 3+3 | 2+4 | 7+3 | 1+9 | 7+2 | 8+1 |
| 0+9 | 3+6 | 2+8 | 5+5 | 3+7 | 9+1 | 5+2 | 5+3 | 2+6 | 8+0 | 6+2 | 5+1 | 4+2 | 6+0 | 5+5 | 3+7 | 6+3 | 4+5 |
| 4+5 | 0+5 | 4+6 | 6+4 | 9+1 | 2+8 | 2+8 | 3+4 | 5+5 | 9+1 | 1+5 | 3+3 | 4+2 | 2+8 | 6+4 | 9+1 | 2+1 | 2+7 |
| 2+3 | 1+4 | 6+1 | 2+5 | 3+4 | 1+9 | 1+9 | 1+9 | 0+7 | 6+1 | 0+6 | 5+1 | 1+9 | 3+4 | 2+5 | 0+7 | 7+2 | 3+6 |
| | 2+3 | 8+0 | 2+6 | 1+7 | 4+6 | 7+3 | 3+7 | 9+1 | 2+8 | 3+3 | 4+6 | 3+7 | 3+5 | 2+6 | 0+8 | 6+3 | 9+0 |
| 4+1 | 3+2 | 4+4 | 3+5 | 0+8 | 3+7 | 5+5 | 9+1 | 2+8 | 1+9 | 8+2 | 3+7 | 9+1 | 1+7 | 5+3 | 4+4 | 0+4 | 3+6 |
| 5+0 | 2+7 | 5+3 | 1+7 | 2+6 | 0+10 | 6+4 | 1+9 | 1+9 | 7+3 | 2+8 | 2+8 | 1+9 | 8+0 | 6+2 | 3+5 | 5+4 | 0+9 |
| 4+5 | 3+6 | 6+2 | 4+4 | 3+5 | 7+3 | 1+9 | 2+8 | 4+6 | 5+5 | 4+6 | 1+9 | 2+8 | 1+7 | 4+4 | 2+6 | 9+0 | 3+0 |
| 0+9 | 1+8 | 2+6 | 5+3 | 8+0 | 0+10 | 7+3 | 4+6 | 3+7 | 6+4 | 2+8 | 4+6 | 6+4 | 5+3 | 7+1 | 6+2 | 2+7 | 6+3 |
| 3+0 | 8+1 | 3+5 | 1+7 | 5+3 | 3+4 | 2+5 | 0+7 | 6+1 | 2+5 | 3+4 | 0+7 | 6+1 | 4+4 | 3+5 | 0+8 | 1+8 | 2+2 |
| 3+6 | 2+7 | 6+2 | 4+4 | 2+6 | 9+1 | 4+6 | 7+3 | 2+8 | 10+0 | 1+9 | 3+7 | 5+5 | 2+6 | 7+1 | 5+3 | 2+7 | 3+6 |
| 4+5 | 3+1 | 0+8 | 3+5 | 7+1 | 3+7 | 5+1 | 3+3 | 6+0 | 2+4 | 1+5 | 3+3 | 8+2 | 3+5 | 4+4 | 2+6 | 3+6 | 4+5 |
| 5+4 | 6+3 | 5+3 | 2+6 | 4+4 | 1+5 | 0+6 | 4+2 | 3+3 | 6+0 | 4+2 | 5+0 | 5+1 | 8+0 | 1+7 | 5+3 | 8+1 | 5+4 |

blank squares are white

Key:

| 10 | light green | 9 | green | 8 | light pink | 7 | grey | 6 | light brown |
| 5 | light blue | 4 | red | 3 | yellow | 2 | pink | 1 | black |

# 4. HEROBRINE

*BASIC ADDITION*

| | | | | | | | | | | | | | | | | | |
|---|---|---|---|---|---|---|---|---|---|---|---|---|---|---|---|---|---|
| 4+5 | 9+0 | 2+7 | 3+6 | 5+4 | 9+0 | 8+1 | 2+7 | 4+5 | 1+8 | 0+9 | 7+2 | 3+6 | 1+8 | 5+4 | 7+2 | 4+5 | 2+7 |
| 8+1 | 4+5 | 7+2 | 6+3 | 9+0 | 1+3 | 2+2 | 1+5 | 6+0 | 2+2 | 3+1 | 1+5 | 2+4 | 3+6 | 9+0 | 0+3 | 2+1 | 7+2 |
| 3+6 | 3+0 | 2+1 | 8+1 | 2+7 | 3+2 | 1+4 | 2+4 | 5+1 | 3+3 | 2+2 | 3+1 | 2+2 | 5+4 | 6+3 | 4+5 | 2+7 | 9+0 |
| 1+8 | 7+2 | 9+0 | 5+4 | 1+8 | 2+2 | 6+1 | 3+4 | 6+2 | 4+4 | 2+5 | 6+1 | 4+2 | 1+8 | 2+7 | 5+4 | 8+1 | 3+6 |
| 8+1 | 5+4 | 3+6 | 0+9 | 2+7 | 6+2 | 1+7 | 0+7 | 2+5 | 5+3 | 1+7 | 2+6 | 7+0 | 1+2 | 3+0 | 0+9 | 7+2 | 8+1 |
| 2+7 | 8+1 | 7+2 | 5+4 | 4+5 | 1+7 | | | 3+4 | 2+6 | | | 6+2 | 5+4 | 9+0 | 1+8 | 6+3 | 4+5 |
| 1+8 | 0+9 | 1+2 | 0+3 | 3+6 | 6+1 | 4+4 | 1+7 | 1+5 | 3+2 | 6+1 | 4+3 | 3+4 | 9+0 | 7+2 | 6+5 | 5+4 | 2+7 |
| 2+7 | 7+2 | 6+3 | 4+5 | 0+9 | 2+5 | 4+3 | 2+2 | 6+1 | 3+4 | 2+2 | 4+4 | 4+4 | 3+6 | 1+8 | 3+6 | 2+7 | 3+6 |
| 1+2 | 0+3 | 5+4 | 8+1 | 1+8 | 4+4 | 6+2 | 5+1 | 2+3 | 2+4 | 3+3 | 0+7 | 6+1 | 4+5 | 6+3 | 0+3 | 2+1 | 5+4 |
| 3+6 | 3+7 | 2+8 | 5+5 | 8+2 | 3+7 | 2+8 | 4+3 | 6+2 | 6+1 | 4+4 | 4+6 | 9+1 | 8+2 | 6+4 | 7+3 | 5+5 | 7+2 |
| 7+2 | 1+9 | 0+10 | 7+3 | 6+4 | 8+2 | 9+1 | 5+5 | 2+5 | 8+0 | 1+9 | 2+8 | 7+3 | 2+8 | 10+0 | 4+6 | 3+7 | 3+6 |
| 3+0 | 5+5 | 4+6 | 3+7 | 10+0 | 2+8 | 5+5 | 7+3 | 1+9 | 8+2 | 3+7 | 4+6 | 5+5 | 3+7 | 4+6 | 1+9 | 8+2 | 1+8 |
| 9+0 | 7+3 | 2+8 | 1+9 | 5+5 | 7+3 | 8+2 | 9+1 | 3+7 | 5+5 | 2+8 | 7+3 | 1+9 | 8+2 | 3+7 | 5+5 | 0+10 | 4+5 |
| 1+8 | 6+1 | 3+4 | 6+2 | 4+4 | 2+8 | 3+7 | 2+8 | 7+3 | 8+2 | 6+4 | 5+5 | 0+10 | 4+3 | 6+1 | 7+0 | 3+4 | 5+4 |
| 4+5 | 1+7 | 0+7 | 2+5 | 5+3 | 3+7 | 4+6 | 1+9 | 5+5 | 9+1 | 8+2 | 4+6 | 3+7 | 2+5 | 4+4 | 6+2 | 1+7 | 2+7 |
| 6+3 | 4+4 | 6+1 | 6+2 | 3+4 | 5+5 | 7+3 | 4+6 | 10+0 | 7+3 | 1+9 | 6+4 | 2+8 | 6+1 | 0+7 | 3+4 | 2+5 | 1+8 |
| 0+9 | 2+5 | 8+0 | 1+7 | 0+7 | 3+7 | 2+8 | 3+7 | 4+6 | 0+10 | 3+7 | 8+2 | 1+9 | 1+7 | 6+2 | 4+4 | 5+3 | 1+2 |
| 2+7 | 4+3 | 6+2 | 6+1 | 4+4 | 3+7 | 5+5 | 0+10 | 6+4 | 5+5 | 9+1 | 2+8 | 7+3 | 4+3 | 2+5 | 6+1 | 8+0 | 9+0 |
| 5+4 | 3+4 | 1+7 | 2+5 | 4+3 | 9+1 | 4+6 | 7+3 | 2+8 | 10+0 | 1+9 | 3+7 | 5+5 | 4+4 | 1+7 | 2+6 | 3+4 | 6+3 |
| 2+1 | 0+7 | 6+1 | 4+4 | 6+2 | 8+2 | 3+7 | 0+10 | 4+6 | 5+5 | 2+8 | 9+1 | 6+4 | 0+7 | 6+1 | 5+3 | 2+5 | 8+1 |
| 3+6 | 3+4 | 2+5 | 8+0 | 1+7 | 5+5 | 1+9 | 2+8 | 2+8 | 7+3 | 4+6 | 3+7 | 8+2 | 3+4 | 2+6 | 4+4 | 1+6 | 4+5 |

**blank squares are white**

**Key:**

| | | | | | | | | | |
|---|---|---|---|---|---|---|---|---|---|
| **1,2,3** | **green** | **4,5,6** | **dark brown** | **7,8** | **light pink** | **9** | **yellow** | **10** | **blue** |

# 5. ENDERMAN

*ADVANCED ADDITION*

| 5+5 | 10+5 | 11+4 | 7+5 | 6+7 | 10+6 | 8+8 | 11+6 | 17+1 | 11+8 | 5+15 | 8+12 | 2+14 | 4+11 | 8+7 | 9+5 | 2+9 | 8+3 |
|---|---|---|---|---|---|---|---|---|---|---|---|---|---|---|---|---|---|
| 2+10 | 8+3 | 5+7 | 2+13 | 4+11 | 8+9 | 3+16 | 4+13 | 10+6 | 8+8 | 11+6 | 7+13 | 7+9 | 7+4 | 6+6 | 6+7 | 11+4 | 5+8 |
| 9+5 | 7+8 | 7+7 | 6+6 | 7+6 | 9+9 | 14+5 | 12+8 | 5+15 | 6+11 | 18+1 | 3+16 | 11+8 | 3+8 | 3+4 | 7+7 | 5+7 | 5+9 |
| 5+8 | 2+4 | 11+4 | 7+5 | 5+9 | 1+0 | 2+2 | 1+1 | 7+13 | 8+9 | 0+2 | 1+2 | 1+1 | 7+8 | 4+11 | 9+2 | 5+10 | 6+6 |
| 6+7 | 5+10 | 8+3 | 7+7 | 10+3 | 8+8 | 10+6 | 4+13 | 19+1 | 11+6 | 14+5 | 8+11 | 5+15 | 5+8 | 9+5 | 5+7 | 11+4 | 7+7 |
| 6+6 | 4+11 | 5+7 | 4+3 | 9+5 | 7+9 | 10+10 | 6+11 | 15+3 | 8+8 | 16+3 | 8+12 | 8+9 | 8+3 | 4+7 | 10+5 | 8+7 | 3+3 |
| 7+8 | 10+3 | 7+6 | 1+13 | 7+5 | 2+18 | 14+5 | 10+6 | 5+15 | 4+13 | 6+11 | 3+16 | 7+9 | 2+5 | 4+11 | 7+5 | 5+9 | 8+6 |
| 3+8 | 5+9 | 8+7 | 11+4 | 10+3 | 8+9 | 9+11 | 8+8 | 11+8 | 9+7 | 9+9 | 14+5 | 10+6 | 7+7 | 5+8 | 7+8 | 6+6 | 8+3 |
| 3+4 | 7+7 | 5+7 | 2+17 | 13+5 | 5+15 | 18+2 | 3+17 | 16+3 | 8+8 | 4+13 | 11+6 | 8+11 | 8+9 | 7+9 | 9+5 | 4+3 | 11+4 |
| 3+12 | 4+11 | 9+5 | 8+9 | 12+8 | 9+9 | 6+11 | 14+5 | 10+10 | 9+7 | 5+15 | 13+5 | 2+17 | 4+13 | 12+8 | 7+7 | 5+7 | 8+7 |
| 7+6 | 8+7 | 5+10 | 12+8 | 11+9 | 10+6 | 8+8 | 8+11 | 9+8 | 2+17 | 14+5 | 9+10 | 7+9 | 7+13 | 5+15 | 4+11 | 3+2 | 5+9 |
| 5+9 | 2+3 | 11+4 | 5+13 | 8+11 | 4+13 | 9+7 | 14+5 | 11+6 | 5+15 | 10+10 | 9+9 | 8+9 | 2+17 | 13+5 | 10+5 | 8+9 | 7+6 |
| 7+7 | 9+10 | 6+7 | 8+12 | 8+9 | 7+13 | 15+5 | 2+17 | 10+6 | 8+8 | 16+3 | 14+5 | 6+11 | 4+13 | 7+9 | 9+5 | 5+13 | 11+4 |
| 4+5 | 8+8 | 2+6 | 8+8 | 10+10 | 16+3 | 14+5 | 13+4 | 9+9 | 12+8 | 9+7 | 2+17 | 8+9 | 11+8 | 5+15 | 4+4 | 3+5 | 2+6 |
| 5+3 | 3+6 | 5+4 | 13+5 | 10+6 | 9+10 | 7+9 | 2+17 | 11+6 | 7+13 | 8+8 | 5+15 | 16+3 | 14+5 | 8+12 | 3+6 | 7+2 | 2+2 |
| 4+4 | 8+1 | 3+5 | 10+10 | 12+8 | 8+9 | 6+10 | 9+7 | 9+10 | 14+5 | 6+11 | 2+17 | 4+13 | 10+6 | 8+8 | 5+3 | 4+4 | 6+10 |
| 4+3 | 6+3 | 7+2 | 8+8 | 9+10 | 9+9 | 2+17 | 14+5 | 16+3 | 15+5 | 13+4 | 8+9 | 11+8 | 6+11 | 7+9 | 6+2 | 1+8 | 14+5 |
| 2+6 | 5+3 | 4+5 | 5+13 | 8+9 | 15+5 | 12+8 | 9+10 | 4+13 | 9+7 | 2+17 | 7+13 | 8+8 | 14+5 | 16+3 | 2+7 | 6+3 | 4+4 |
| 4+4 | 1+8 | 3+6 | 10+6 | 8+8 | 7+13 | 2+17 | 9+9 | 14+5 | 12+8 | 15+5 | 11+8 | 13+4 | 9+10 | 9+9 | 1+8 | 3+5 | 2+6 |
| 4+5 | 3+4 | 1+5 | 8+12 | 10+10 | 4+13 | 9+10 | 11+8 | 16+3 | 10+6 | 8+8 | 1+19 | 14+5 | 2+17 | 7+13 | 4+3 | 5+2 | 4+5 |
| 5+3 | 4+5 | 2+7 | 8+8 | 6+10 | 6+3 | 9+8 | 14+5 | 3+5 | 2+6 | 12+8 | 9+10 | 8+1 | 15+5 | 8+9 | 3+6 | 4+5 | 7+2 |

blank squares are white

**Key:**

- **16-20** black
- **10-15** blue
- **8,9** light brown
- **6,7** grey
- **3,4,5** purple
- **1,2** light purple

# 6. CREEPER

*ADVANCED ADDITION*

| 10+7 | 9+8 | 16+3 | 11+6 | 1+2 | 4+7 | 5+6 | 8+5 | 3+4 | 4+4 | 3+10 | 6+5 | 11+6 | 5+15 | 10+10 | 9+9 | 8+9 | 2+17 |
|---|---|---|---|---|---|---|---|---|---|---|---|---|---|---|---|---|---|
| 20+0 | 17+2 | 8+9 | 10+7 | 9+2 | 1+8 | 1+7 | 8+0 | 3+0 | 1+8 | 2+9 | 2+1 | 10+7 | 9+8 | 16+3 | 14+5 | 6+11 | 4+13 |
|  |  | 6+11 | 2+15 | 8+5 | 2+2 | 2+4 | 13+0 | 2+1 | 3+3 | 1+5 | 6+3 | 2+15 | 14+3 | 6+11 | 5+12 | 0+1 | 1+1 |
|  |  |  | 8+12 | 2+11 | 4+2 | 3+3 | 4+7 | 5+6 | 3+2 | 2+2 | 1+6 | 8+12 | 9+11 | 3+14 | 7+12 | 1+0 | 2+0 |
|  | 8+11 | 3+16 | 19+1 | 3+10 | 5+6 | 2+9 | 1+3 | 2+2 | 0+9 | 3+6 | 7+0 | 19+1 |  |  |  |  | 1+1 |
| 14+3 | 6+11 | 5+12 | 20+0 | 4+4 | 8+5 | 1+5 | 0+5 | 4+1 | 3+3 | 6+3 | 0+3 | 20+0 | 17+2 |  |  |  |  |
| 9+11 | 3+14 | 7+10 | 8+9 | 2+5 | 10+2 | 2+3 | 2+2 | 2+4 | 5+1 | 8+1 | 6+5 | 14+5 | 1+19 | 2+15 | 10+7 | 9+8 | 16+3 |
|  |  | 6+11 | 4+3 | 0+11 | 3+1 | 1+8 | 2+9 | 3+2 | 5+4 | 9+2 | 5+12 | 8+11 | 3+16 | 9+11 | 6+13 | 5+14 |  |
|  | 9+8 | 2+15 | 10+7 | 9+8 | 2+11 | 0+8 | 6+5 | 4+7 | 3+4 | 4+4 | 8+12 | 8+10 | 9+8 |  |  |  |  |
| 2+18 | 14+3 | 10+7 | 9+8 | 16+3 | 1+6 | 6+5 | 4+7 | 5+6 | 8+5 | 5+4 | 19+1 | 8+9 | 14+3 | 2+18 |  |  | 9+8 |
| 8+11 | 3+16 | 14+3 | 6+11 | 5+12 | 7+0 | 2+10 | 1+7 | 8+5 | 0+3 | 5+8 | 20+0 | 6+11 | 10+9 | 9+8 | 16+3 | 3+14 | 14+3 |
| 20+0 | 17+2 | 9+11 | 3+14 | 7+10 | 4+5 | 11+2 | 3+10 | 10+2 | 1+2 | 2+5 | 5+15 | 8+11 | 3+16 | 7+13 | 14+3 | 6+11 | 5+12 |
| 9+8 | 6+5 | 8+11 | 3+16 | 7+12 | 5+4 | 10+0 | 6+5 | 0+11 | 3+6 | 4+3 | 9+8 | 10+10 | 9+8 | 16+3 | 9+11 | 3+14 | 12+7 |
| 14+3 | 2+10 | 10+7 | 9+8 | 16+3 | 0+9 | 2+1 | 0+3 | 2+11 | 6+3 | 9+2 | 14+3 | 9+11 | 3+14 | 7+11 | 8+11 | 3+16 | 5+6 |
| 3+6 | 11+2 | 2+9 | 3+13 | 8+8 | 1+8 | 2+9 | 5+2 | 6+1 | 8+1 | 6+5 | 7+7 | 3+11 | 10+4 | 8+8 | 11+5 | 15+1 | 8+5 |
| 6+8 | 10+4 | 7+7 | 11+3 | 6+9 | 6+5 | 4+7 | 5+6 | 8+5 | 5+4 | 9+2 | 13+1 | 9+7 | 7+7 | 3+13 | 8+6 | 6+5 | 0+11 |
| 4+11 | 5+11 | 4+7 | 2+5 | 2+11 | 3+6 | 2+6 | 6+3 | 9+2 | 0+9 | 8+5 | 6+5 | 4+7 | 5+6 | 4+11 | 8+8 | 15+0 | 13+1 |
| 7+7 | 8+6 | 1+2 | 4+3 | 3+10 | 4+5 | 9+0 | 3+0 | 2+1 | 5+4 | 2+11 | 1+2 | 3+4 | 4+4 | 9+6 | 4+10 | 7+7 | 5+11 |
| 0+16 | 8+8 | 6+5 | 7+4 | 6+5 | 5+4 | 6+3 | 2+11 | 11+0 | 3+6 | 3+10 | 5+6 | 8+5 | 4+5 | 0+16 | 11+3 | 4+11 | 8+8 |
| 3+13 | 10+4 | 2+4 | 2+10 | 3+3 | 0+9 | 1+8 | 2+9 | 0+8 | 6+3 | 5+4 | 2+2 | 6+3 | 1+5 | 7+7 | 3+13 | 6+8 | 9+7 |
| 9+7 | 7+7 | 6+8 | 5+11 | 8+8 | 9+6 | 10+4 | 3+11 | 7+7 | 5+11 | 13+3 | 8+6 | 9+7 | 8+8 | 4+10 | 11+5 | 7+7 | 6+9 |

blank squares are white

Key:

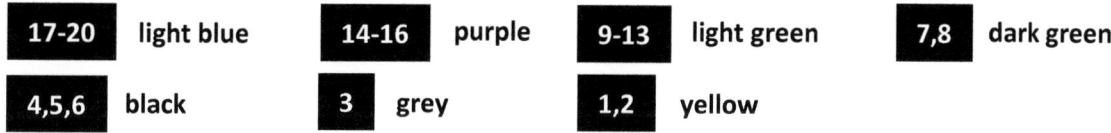

| 17-20 | light blue | 14-16 | purple | 9-13 | light green | 7,8 | dark green |
| 4,5,6 | black | 3 | grey | 1,2 | yellow | | |

# 7. FOX

*ADVANCED ADDITION*

| 8+8 | 9+10 | 9+9 | 6+9 | 14+5 | 16+3 | 15+5 | 13+4 | 8+9 | 11+8 | 6+11 | 7+9 | 14+5 | 11+6 | 5+15 | 4+0 | 14+5 | 6+11 |
|---|---|---|---|---|---|---|---|---|---|---|---|---|---|---|---|---|---|
| 10+6 | 8+8 | 7+13 | 17+2 | 9+9 | 14+5 | 12+8 | 15+5 | 2+3 | 14+5 | 11+6 | 5+15 | 1+4 | 8+8 | 5+15 | 16+3 | 14+5 | 8+12 |
| 5+15 | 0+3 | 1+2 | 8+9 | 3+0 | 2+1 | 2+17 | 7+13 | 8+8 | 14+5 | 16+3 | 5+0 |  | 3+1 | 14+5 | 6+11 | 3+2 | 7+13 |
| 2+17 | 4+5 | 7+2 | 16+3 | 6+7 | 1+8 | 8+11 | 4+13 | 9+6 | 2+2 | 14+5 | 6+11 | 4+1 | 2+17 | 7+13 | 8+8 | 5+14 | 16+3 |
| 11+3 | 7+5 | 6+7 | 4+10 | 8+6 | 9+5 | 2+9 | 8+12 | 10+10 | 4+13 | 9+10 | 11+8 | 16+3 | 10+6 | 8+8 | 1+19 | 14+5 | 1+3 |
| 5+7 | 2+12 | 3+11 | 7+4 | 6+6 | 6+7 | 10+4 | 5+13 | 8+9 | 15+5 | 12+8 | 9+10 | 4+13 | 9+7 | 2+17 | 7+13 | 10+5 | 14+5 |
| 8+3 |  | 2+6 | 2+10 | 5+2 |  | 9+2 | 5+8 | 4+7 | 10+4 | 7+5 | 5+9 | 7+8 | 4+9 | 9+2 | 4+10 | 6+6 | 10+6 |
| 5+7 | 1+10 |  | 3+4 |  |  | 5+7 | 6+7 | 5+9 | 8+3 | 7+7 | 10+3 | 5+8 | 9+5 | 5+7 | 11+3 | 7+7 | 5+15 |
| 7+6 |  |  |  |  |  | 9+5 | 6+6 | 4+10 | 5+7 | 4+7 | 9+5 | 8+3 | 4+7 | 9+5 | 8+6 | 4+7 | 7+13 |
| 7+7 |  | 2+5 | 4+4 | 6+2 |  | 7+5 | 7+8 | 10+3 | 7+6 | 1+13 | 7+5 | 4+7 | 3+11 | 7+5 | 5+9 | 8+6 | 19+1 |
| 5+7 |  |  |  |  |  | 6+7 |  |  |  | 7+3 |  |  | 8+1 | 5+9 | 6+3 | 5+4 | 15+3 |
| 7+5 | 4+7 | 9+5 | 8+3 | 4+7 | 10+4 | 8+6 |  |  |  | 3+6 |  |  |  | 6+7 | 2+7 |  | 5+15 |
| 2+17 | 5+15 | 16+3 | 2+7 | 3+20 | 3+3 | 9+10 | 11+8 | 16+3 | 10+6 | 8+8 | 1+19 | 14+5 | 3+7 | 4+5 | 5+1 |  | 11+8 |
| 7+9 | 14+5 | 6+11 | 7+7 | 6+7 | 1+5 | 1+19 | 14+5 | 2+17 | 7+13 | 2+2 | 11+6 | 5+15 | 9+5 | 7+7 | 4+2 |  | 16+3 |
| 8+9 | 7+13 | 8+8 | 6+2 | 6+1 | 2+4 | 5+13 | 9+6 | 15+5 | 1+3 |  | 3+1 | 11+8 | 2+5 | 4+4 | 0+6 | 5+15 | 10+10 |
| 6+11 | 8+8 | 1+19 | 1+7 | 2+5 | 6+0 | 11+8 | 16+3 | 10+6 | 8+8 | 0+4 | 1+19 | 14+5 | 5+3 | 2+5 | 3+3 | 2+17 | 9+8 |
| 8+9 | 2+17 | 7+13 | 1+6 | 4+4 | 3+3 | 1+19 | 14+5 | 3+2 | 16+3 | 15+5 | 13+4 | 8+9 | 8+0 | 4+3 | 0+6 | 8+8 | 11+6 |
| 16+3 | 14+5 | 16+3 | 2+5 | 8+0 | 11+6 | 5+15 | 1+4 |  | 0+5 | 2+17 | 7+13 | 8+8 | 3+4 | 3+4 | 11+6 | 5+15 | 10+6 |
| 4+13 | 0+1 | 8+8 | 1+1 | 0+2 | 2+17 | 7+13 | 8+8 | 4+1 | 1+19 | 14+5 | 6+3 | 7+13 | 2+0 | 1+1 | 14+5 | 6+11 | 9+9 |
| 11+8 | 13+5 | 10+6 | 9+10 | 7+9 | 2+17 | 11+6 | 7+13 | 8+8 | 5+15 | 16+3 | 14+5 | 8+12 | 8+9 | 7+13 | 8+8 | 1+0 | 11+6 |
| 8+8 | 8+8 | 10+10 | 7+8 | 14+5 | 13+4 | 9+9 | 12+8 | 9+7 | 2+17 | 8+9 | 11+8 | 5+15 | 8+11 | 8+7 | 10+6 | 8+8 | 9+10 |

blank squares are white

**Key:**

- **15-20** green
- **9-14** light brown
- **7,8** black
- **6** dark brown
- **5** light blue
- **4** yellow
- **3** light grey
- **2** dark grey
- **1** purple

# 8. BLAZE

*BASIC SUBTRACTION*

| | | | | | | | | | | | | | | | |
|---|---|---|---|---|---|---|---|---|---|---|---|---|---|---|---|
| 6-5 | 3-1 | 8-7 | 7-5 | 1-0 | 8-4 | 10-6 | 5-1 | 10-5 | 8-3 | 9-4 | 6-1 | 5-0 | 3-1 | 6-4 | 5-4 | 9-7 | 8-6 |
| 7-5 | 10-9 | 6-5 | 7-1 | 3-2 | 6-2 | 7-2 | 9-4 | 6-1 | 5-0 | 4-0 | 7-3 | 10-5 | 10-9 | 7-6 | 6-5 | 8-2 | 5-3 |
| 3-1 | 6-4 | 5-4 | 9-7 | 8-6 | 9-4 | 6-1 | 10-5 | 8-3 | 8-4 | 7-2 | 9-4 | 6-1 | 1-0 | 8-7 | 7-5 | 0-2 | 4-2 |
| 6-3 | 8-5 | 3-1 | 6-5 | 3-1 | 5-0 | | 10-3 | 7-2 | 6-2 | 9-2 | | 7-2 | 6-4 | 5-4 | 3-1 | 7-4 | 5-2 |
| 5-2 | 4-1 | 10-9 | 7-5 | 10-9 | 7-2 | 10-5 | 8-3 | 9-4 | 6-1 | 5-0 | 10-5 | 8-3 | 7-6 | 6-5 | 10-9 | 8-5 | 4-0 |
| 7-4 | 5-1 | 1-0 | 6-4 | 5-4 | 10-7 | 8-4 | 10-6 | 5-0 | 6-3 | 3-0 | 4-0 | 5-2 | 8-7 | 7-5 | 1-0 | 10-7 | 10-6 |
| 3-0 | 7-3 | 6-0 | 7-6 | 6-5 | 7-4 | 5-2 | 6-3 | 8-5 | 4-1 | 7-4 | 10-7 | 9-6 | 5-4 | 9-7 | 8-6 | 6-3 | 6-2 |
| 10-7 | 6-3 | 10-9 | 8-7 | 7-5 | 3-0 | 9-6 | 10-7 | 4-1 | 5-2 | 5-2 | 8-5 | 6-3 | 2-1 | 3-2 | 10-9 | 5-2 | 7-4 |
| 4-0 | 7-4 | 1-0 | 5-2 | 8-5 | 6-5 | 6-4 | 5-4 | 9-7 | 8-6 | 2-1 | 1-0 | 8-7 | 7-5 | 0-2 | 1-0 | 5-1 | 3-0 |
| 10-6 | 9-6 | 5-4 | 6-3 | 7-4 | 7-5 | 10-4 | 3-1 | 7-6 | 6-5 | 10-9 | 10-9 | 7-4 | 8-4 | 6-5 | 5-4 | 7-3 | 8-5 |
| 8-5 | 5-2 | 6-5 | 6-2 | 4-1 | 1-0 | 8-7 | 7-5 | 0-2 | 6-3 | 9-6 | 1-0 | 8-5 | 6-2 | 7-5 | 6-5 | 6-3 | 10-7 |
| 8-7 | 7-5 | 1-0 | 8-4 | 3-0 | 7-6 | 6-5 | 10-9 | 3-1 | 5-2 | 7-4 | 5-4 | 3-0 | 6-3 | 7-6 | 6-5 | 10-9 | 3-1 |
| 10-9 | 2-1 | 6-5 | 10-7 | 4-0 | 8-7 | 7-5 | 1-0 | 10-9 | 8-5 | 6-2 | 6-5 | 5-1 | 9-6 | 3-1 | 9-3 | 5-4 | 10-9 |
| 1-0 | 9-3 | 7-5 | 9-6 | 10-6 | 10-9 | 8-5 | 6-3 | 1-0 | 5-1 | 10-6 | 7-5 | 7-3 | 10-7 | 6-4 | 5-4 | 6-5 | 1-0 |
| 5-4 | 6-5 | 3-1 | 8-5 | 6-3 | 1-0 | 7-4 | 6-2 | 5-4 | 7-3 | 9-6 | 3-1 | 7-4 | 8-4 | 7-6 | 5-4 | 6-5 | 8-6 |
| 6-5 | 7-5 | 10-9 | 5-1 | 5-2 | 5-4 | 5-2 | 4-1 | 6-5 | 10-7 | 3-0 | 10-9 | 5-2 | 6-2 | 8-7 | 8-7 | 7-5 | 1-0 |
| 5-4 | 9-7 | 8-6 | 7-3 | 7-4 | 6-5 | 9-6 | 4-0 | 7-5 | 6-3 | 7-4 | 1-0 | 8-5 | 10-6 | 6-5 | 5-1 | 5-2 | 3-1 |
| 3-1 | 8-2 | 3-1 | 6-5 | 7-1 | 7-5 | 10-7 | 10-6 | 3-1 | 5-2 | 4-0 | 3-1 | 3-2 | 10-9 | 7-5 | 7-3 | 7-4 | 10-4 |
| 10-9 | 5-3 | 10-9 | 7-5 | 4-2 | 3-1 | 5-1 | 3-0 | 1-0 | 8-7 | 7-5 | 0-2 | 4-2 | 8-2 | 3-1 | 8-5 | 8-4 | 3-1 |
| 3-1 | 6-4 | 5-4 | 9-7 | 8-6 | 10-9 | 7-3 | 6-3 | 1-0 | 6-5 | 6-0 | 1-0 | 8-7 | 7-5 | 1-0 | 10-7 | 6-2 | 10-9 |
| 7-6 | 6-5 | 10-9 | 10-4 | 2-1 | 1-0 | 7-4 | 8-5 | 3-1 | 7-5 | 5-4 | 9-7 | 8-6 | 10-9 | 1-0 | 4-0 | 6-3 | 1-0 |

blank squares are white

**Key:**

| 1,2 | dark brown | 3 | light brown | 4 | orange | 5 | dark orange | 6 | red |
|---|---|---|---|---|---|---|---|---|---|
| 7 | black | | | | | | | | |

# 9. WITCH

*BASIC SUBTRACTION*

| 4-1 | 10-8 | 6-3 | 7-5 | 9-7 | 5-2 | 9-6 | 10-8 | 8-4 | 4-0 | 10-8 | 5-2 | 9-6 | 7-5 | 6-4 | 10-8 | 9-7 | 4-1 |
|---|---|---|---|---|---|---|---|---|---|---|---|---|---|---|---|---|---|
| 6-4 | 9-6 | 10-3 | 8-1 |  | 4-1 | 7-5 | 5-1 | 6-2 | 7-3 | 8-4 | 6-3 | 4-1 | 5-2 |  | 10-3 | 7-0 | 9-6 |
| 6-3 | 7-0 |  | 9-2 | 8-1 | 10-3 | 10-8 | 7-3 | 10-6 | 5-1 | 4-0 | 7-5 | 10-8 | 10-3 | 8-1 | 9-2 |  | 7-0 |
| 9-6 | 9-7 | 8-1 |  | 7-0 | 6-3 | 5-2 | 8-4 | 5-1 | 10-6 | 5-1 | 6-4 | 4-1 | 9-7 |  | 10-3 | 8-1 | 5-2 |
| 6-4 | 10-8 | 8-6 | 10-0 | 7-5 | 4-1 | 9-5 | 7-3 | 7-1 | 6-0 | 10-6 | 5-1 | 8-4 | 9-6 | 6-4 | 10-1 | 10-8 | 7-5 |
|  | 5-2 | 6-3 | 9-7 | 9-6 | 10-6 | 5-1 | 4-0 | 8-2 | 10-4 | 8-2 | 9-5 | 7-3 | 6-3 | 8-6 | 5-2 | 9-7 | 4-1 |
| 8-1 | 10-3 | 7-5 | 6-4 | 10-8 | 8-2 | 10-4 | 6-0 | 4-1 | 9-7 | 8-2 | 7-1 | 6-0 | 7-5 | 10-8 | 6-4 | 8-5 | 9-6 |
| 9-2 | 9-6 | 4-1 | 5-2 | 6-3 | 6-2 | 9-5 | 8-2 | 6-0 | 7-1 | 10-4 | 10-6 | 5-1 | 4-1 | 9-7 | 8-6 | 6-4 | 10-8 |
| 6-4 | 9-7 | 8-6 | 9-5 | 7-3 | 10-6 | 5-1 | 4-0 | 7-3 | 10-6 | 5-1 | 4-0 | 8-4 | 9-5 | 7-3 | 5-2 | 9-6 | 7-5 |
| 4-1 | 7-5 | 10-8 | 7-3 | 10-6 | 5-1 | 4-0 | 9-5 | 7-3 | 5-1 | 4-0 | 7-3 | 10-6 | 5-1 | 4-0 | 6-3 | 4-1 | 9-7 |
| 7-4 | 5-2 | 6-3 | 8-5 | 9-6 | 10-9 | 1-0 | 5-4 | 3-2 | 8-7 | 7-6 | 9-8 | 4-3 | 7-5 | 8-6 | 10-8 | 7-4 | 5-2 |
| 10-8 | 9-7 | 6-4 | 7-5 | 4-1 | 8-7 | 7-6 | 9-8 | 4-3 | 10-9 | 1-0 | 5-4 | 3-2 | 9-7 | 9-6 | 8-6 | 4-1 | 6-4 |
| 9-6 |  | 9-2 | 10-3 | 5-2 | 5-4 |  |  |  |  |  | 8-7 | 5-2 | 6-3 | 9-7 | 10-8 | 7-5 |  |
| 8-1 | 9-2 | 10-3 |  | 7-0 | 9-8 |  | 10-5 | 3-2 | 7-6 | 6-1 |  | 10-9 | 4-1 | 6-4 | 9-6 | 7-0 |  |
| 6-3 | 7-0 |  | 8-1 | 10-8 | 8-0 | 5-4 | 3-2 | 9-0 | 10-1 | 8-7 | 7-6 | 10-2 | 6-3 | 5-2 | 8-1 | 10-3 | 9-2 |
| 4-1 | 7-5 | 9-0 | 6-4 | 9-7 | 10-2 | 9-8 | 4-3 | 10-0 | 9-0 | 10-9 | 1-0 | 8-0 | 7-5 | 10-8 | 9-7 |  | 8-1 |
| 5-2 | 8-6 | 10-8 | 6-3 | 9-6 | 9-1 | 8-7 | 7-6 | 9-0 | 10-1 | 4-3 | 10-9 | 9-1 | 9-6 | 8-5 | 5-2 | 6-4 | 10-1 |
| 6-4 | 9-7 | 8-6 | 7-5 | 10-5 | 8-0 | 10-9 | 1-0 | 10-0 | 9-0 | 5-4 | 3-2 | 10-2 | 6-1 | 4-1 | 9-7 | 10-8 | 7-5 |
| 4-1 | 5-0 | 10-5 | 8-3 | 7-3 | 10-6 | 4-3 | 3-2 | 9-0 | 10-1 | 9-8 | 4-3 | 5-1 | 4-0 | 7-2 | 10-5 | 8-3 | 9-6 |
| 10-8 | 10-5 | 5-0 | 6-1 | 7-2 | 8-3 | 5-1 | 4-0 | 9-8 | 4-3 | 8-4 | 6-2 | 6-1 | 5-0 | 10-5 | 8-3 | 7-2 | 5-2 |
| 9-6 | 7-2 | 10-5 | 8-3 | 9-4 | 6-1 | 5-0 | 10-5 | 8-4 | 7-3 | 6-1 | 5-0 | 10-5 | 6-1 | 5-0 | 10-5 | 10-5 | 7-4 |

blank squares are white

**Key:**

| 1 | light pink | 2,3 | green | 4 | black | 5 | purple | 6 | grey |
| 7 | red | 8 | orange | 9,10 | brown | | | | |

# 10. WITHER BOSS

*BASIC SUBTRACTION*

| | | | | | | | | | | | | | | | | | |
|---|---|---|---|---|---|---|---|---|---|---|---|---|---|---|---|---|---|
| 6-4 | 5-4 | 6-5 | 1-0 | 6-5 | 10-4 | 6-1 | 10-6 | 9-5 | 5-2 | 7-4 | 8-4 | 4-1 | 3-1 | 6-4 | 5-4 | 10-9 | 8-6 |
| 7-6 | 2-0 | 6-5 | 8-6 | 7-5 | 7-1 | 4-0 | 8-5 | 9-6 | 9-5 | 5-2 | 7-4 | 8-4 | 10-9 | 7-6 | 6-5 | 2-1 | 9-7 |
| 8-7 | 8-6 | 7-5 | 1-0 | 5-4 | 9-6 | 9-5 | 5-2 | 7-4 | 8-4 | 4-1 | 3-0 | 5-1 | 1-0 | 8-7 | 7-5 | 8-6 | 2-1 |
| 10-9 | 8-6 | 2-1 | 9-7 | 7-6 | 10-7 | | | 4-1 | 5-2 | | | 7-3 | 6-4 | 5-4 | 3-1 | 8-7 | 7-5 |
| 7-2 | 9-5 | 8-4 | 9-6 | 8-7 | 9-5 | 5-2 | 7-4 | 8-4 | 9-6 | 9-5 | 5-2 | 7-4 | 7-6 | 10-4 | 6-1 | 5-2 | 7-4 |
| 9-6 | 9-6 | 5-2 | 7-4 | 10-9 | 10-6 | 7-3 | | | | | 4-1 | 10-7 | 6-5 | 7-2 | 7-3 | 4-1 | 3-0 |
| | 7-4 | | 5-2 | 1-0 | 9-6 | 9-5 | 5-2 | 7-4 | 9-5 | 5-2 | 7-4 | 8-4 | 7-5 | 9-5 | | 7-4 | |
| 8-4 | 4-1 | 3-0 | 9-5 | 5-4 | 10-4 | 6-1 | 8-3 | 9-4 | 8-4 | 4-1 | 3-0 | 5-1 | 5-4 | 9-6 | 5-2 | 3-0 | 10-7 |
| | | | 9-6 | 6-5 | 1-0 | 8-7 | 7-5 | 10-5 | 3-0 | 10-9 | 8-6 | 2-1 | 9-7 | 7-4 | | | |
| 8-3 | 9-4 | 5-1 | 7-4 | 7-3 | 10-4 | 6-1 | 9-3 | 6-1 | 7-3 | 9-3 | 5-0 | 10-4 | 6-1 | 8-3 | 9-4 | 7-2 | 7-3 |
| 8-6 | 7-2 | 9-5 | 5-2 | 7-4 | 8-4 | 4-1 | 5-2 | 9-4 | 7-2 | 5-1 | 3-0 | 9-5 | 5-2 | 7-4 | 8-4 | 10-5 | 6-5 |
| 8-7 | 7-5 | 1-0 | 5-4 | 10-9 | 8-6 | 2-1 | 9-7 | 5-0 | 5-2 | 5-4 | 3-1 | 8-7 | 7-5 | 10-9 | 8-6 | 7-6 | 2-1 |
| 10-9 | 5-4 | 10-9 | 8-6 | 8-3 | 9-4 | 10-4 | 6-1 | 10-5 | 4-1 | 10-5 | 8-3 | 9-4 | 7-2 | 2-1 | 9-7 | 10-1 | 5-4 |
| 10-1 | 6-5 | 2-1 | 9-7 | 8-4 | 4-1 | 5-2 | 7-4 | 8-3 | 9-4 | 9-6 | 9-5 | 5-2 | 7-4 | 8-6 | 2-1 | 5-4 | 10-1 |
| 8-7 | 7-5 | 8-6 | 9-0 | 2-1 | 9-7 | 10-1 | 2-0 | 6-0 | 10-7 | 10-0 | 10-9 | 8-6 | 10-1 | 3-1 | 9-0 | 6-5 | 8-7 |
| 10-9 | 10-1 | 1-0 | 5-4 | 10-4 | 6-1 | 8-3 | 9-4 | 10-5 | 5-1 | 8-3 | 9-4 | 10-4 | 6-1 | 2-1 | 9-7 | 10-1 | 10-9 |
| 10-9 | 8-6 | 10-0 | 7-6 | 9-6 | 9-5 | 5-2 | 7-4 | 9-3 | 7-2 | 8-4 | 4-1 | 3-0 | 5-1 | 8-7 | 7-5 | 10-9 | 8-6 |
| 9-0 | 10-1 | 10-3 | 9-1 | 8-1 | 10-0 | 8-0 | 10-3 | 6-1 | 4-0 | 10-3 | 9-0 | 10-0 | 8-0 | 10-1 | 9-0 | 9-1 | 10-1 |
| 10-2 | 10-1 | 10-0 | 9-0 | 7-1 | 10-4 | 6-1 | 8-3 | 9-4 | 10-7 | 9-4 | 7-2 | 10-4 | 6-1 | 9-0 | 10-1 | 10-0 | 9-0 |
| 8-1 | 10-3 | 10-2 | 7-0 | 8-4 | 4-1 | 3-0 | 5-1 | 10-4 | 6-1 | 4-1 | 5-2 | 9-6 | 9-5 | 10-2 | 9-1 | 8-0 | 8-1 |
| 10-2 | 7-0 | 8-1 | 10-3 | 9-1 | 8-1 | 10-3 | 10-2 | 6-0 | 7-3 | 8-0 | 10-3 | 9-1 | 10-2 | 7-0 | 8-1 | 10-3 | 9-1 |

**blank squares are white**

**Key:**

**1,2** dark blue **3,4** black **5,6** grey **7,8** red **9,10** yellow

# 11. STEVE    BASIC SUBTRACTION

| 9-5 |  | 7-3 | 9-5 | 10-6 | 5-1 | 4-0 | 7-3 | 10-6 | 5-1 | 4-0 | 8-4 | 9-5 | 7-3 | 10-6 |  |  |
|---|---|---|---|---|---|---|---|---|---|---|---|---|---|---|---|---|
| 10-6 | 9-5 | 8-4 | 5-1 | 7-3 | 10-2 | 9-1 | 8-0 | 10-2 | 9-1 | 9-1 | 10-2 | 8-0 | 6-2 |  |  |  |
| 8-4 | 4-0 |  |  | 9-1 | 10-2 | 8-0 | 10-2 | 9-1 | 10-2 | 9-1 | 10-2 | 10-6 | 9-5 |  |  | 4-0 |
| 7-3 |  |  | 6-2 | 8-0 | 5-0 | 10-4 | 6-1 | 8-3 | 9-4 | 7-2 | 8-0 | 5-1 | 4-0 | 8-4 | 7-3 | 10-6 |
| 5-1 | 6-2 | 7-3 | 8-4 | 10-6 | 7-3 | 10-4 | 6-1 | 9-3 | 6-1 | 8-2 | 6-0 | 9-4 | 9-5 | 10-1 | 9-0 | 10-1 | 9-0 |
| 7-3 | 10-6 | 5-1 | 4-0 | 8-4 | 10-4 |  | 6-5 | 8-2 | 7-2 | 10-8 |  | 5-0 | 7-3 | 6-3 | 5-2 | 3-0 | 4-1 |
| 8-4 | 9-5 | 10-6 | 5-1 | 7-3 | 7-2 | 10-4 | 6-1 | 10-7 | 5-2 | 7-3 | 8-2 | 10-5 | 10-6 | 4-1 | 8-5 | 5-2 | 10-7 |
| 9-5 | 8-4 | 6-2 | 9-0 | 10-1 | 6-0 | 6-1 | 10-2 | 7-2 | 9-3 | 8-0 | 10-4 | 8-3 | 9-0 | 7-4 | 6-3 | 4-1 | 8-5 |
| 10-1 | 4-0 | 10-6 | 7-4 | 9-6 | 8-3 | 9-3 | 9-1 | 8-0 | 10-2 | 9-1 | 6-1 | 6-0 | 8-5 | 5-2 | 10-7 | 7-4 | 6-3 |
| 9-6 | 5-1 | 8-4 | 8-5 | 2-1 | 6-4 | 5-4 | 6-5 | 1-0 | 5-4 | 10-9 | 8-6 | 2-1 | 9-7 | 5-2 | 3-0 | 4-1 | 7-4 |
| 8-5 | 10-1 | 7-4 | 6-3 | 7-5 | 7-6 | 2-0 | 6-5 | 8-6 | 7-5 | 3-1 | 6-4 | 5-4 | 10-9 | 7-4 | 6-3 | 5-2 | 10-7 |
| 3-0 | 4-1 | 5-2 | 10-7 | 5-4 | 8-7 | 8-6 | 7-5 | 1-0 | 5-4 | 9-7 | 7-6 | 3-1 | 6-5 | 3-0 | 4-1 | 7-4 | 9-6 |
| 4-1 | 7-4 | 9-6 | 8-5 | 7-6 | 10-9 | 8-6 | 2-1 | 9-7 | 7-6 | 8-6 | 7-5 | 1-0 | 5-4 | 5-2 | 10-7 | 4-1 | 8-5 |
| 5-2 | 10-7 | 7-4 | 6-3 | 7-2 | 3-1 | 6-4 | 5-4 | 10-9 | 8-6 | 10-4 | 6-1 | 8-3 | 9-4 | 7-4 | 3-0 | 6-3 | 5-2 |
| 7-4 | 3-0 | 4-1 | 5-2 | 8-2 | 10-9 | 7-6 | 6-5 | 2-1 | 9-7 | 6-1 | 9-3 | 6-1 | 8-2 | 6-3 | 8-5 | 5-2 | 10-7 |
| 10-3 | 7-0 | 10-2 | 9-2 | 10-4 | 1-0 | 8-7 | 7-5 | 8-6 | 2-1 | 10-4 | 6-1 | 9-4 | 7-2 | 10-3 | 8-1 | 9-2 | 10-2 |
| 8-1 | 9-2 | 7-0 | 10-3 | 6-1 | 6-4 | 5-4 | 3-1 | 8-7 | 7-5 | 6-1 | 9-3 | 8-2 | 6-0 | 7-0 | 8-0 | 8-1 | 9-2 |
| 10-3 | 9-1 | 8-1 | 7-0 | 10-5 | 8-7 | 8-6 | 7-5 | 1-0 | 5-4 | 10-4 | 8-3 | 7-2 | 10-4 | 10-3 | 7-0 | 9-2 | 8-1 |
| 9-2 | 7-0 | 10-3 | 8-0 | 7-1 | 10-9 | 8-6 | 2-1 | 9-7 | 7-6 | 6-1 | 6-0 | 8-2 | 6-1 | 10-2 | 8-1 | 9-2 | 10-3 |
| 7-0 | 10-3 | 9-1 | 9-2 | 10-4 | 7-5 | 1-0 | 5-4 | 6-4 | 3-1 | 9-4 | 7-2 | 10-4 | 6-1 | 9-2 | 7-0 | 8-1 | 9-1 |
| 10-2 | 9-2 | 7-0 | 8-1 | 5-0 | 2-1 | 9-7 | 7-6 | 3-1 | 6-5 | 8-2 | 5-9 | 6-1 | 9-3 | 8-1 | 8-0 | 10-3 | 7-0 |

blank squares are white

**Key:**

- **1,2** blue
- **3** light brown
- **4** light blue
- **5,6** light pink
- **7** grey
- **8** dark brown
- **9,10** green

# 12. IRON GOLEM

## ADVANCED SUBTRACTION

| | | | | | | | | | | | | | | | | | |
|---|---|---|---|---|---|---|---|---|---|---|---|---|---|---|---|---|---|
| 20-16 | 12-8 | 16-13 | 19-15 | 17-14 | 11-7 | 15-12 | 10-6 | 12-8 | 14-11 | 13-9 | 18-15 | 14-2 | 19-15 | 20-8 | 20-16 | 16-4 | 19-7 |
| 17-14 | 15-12 | 11-7 | 16-13 | 13-9 | 12-10 | 19-17 | 13-12 | 11-10 | 15-13 | 17-16 | 14-13 | 20-19 | 16-13 | 17-14 | 12-8 | 18-6 | 15-3 |
| 14-11 | 19-15 | 12-8 | 10-6 | 20-16 | 13-7 | 18-13 | 11-5 | 14-8 | 12-6 | 16-10 | 19-14 | 7-2 | 13-9 | 20-16 | 11-7 | 13-1 | 12-0 |
| 11-7 | | | 17-14 | 19-15 | 15-13 | 11-9 | 17-16 | 20-19 | 19-17 | 10-9 | 16-15 | 11-10 | 12-8 | 15-12 | 20-8 | 19-15 | 16-13 |
| | | | | 12-8 | 18-11 | 20-13 | 9-2 | 14-7 | 12-5 | 7-0 | 17-10 | 15-8 | 18-15 | 19-7 | 14-11 | 17-14 | 17-5 |
| 20-16 | 17-14 | 15-12 | 16-13 | 18-15 | 14-13 | 19-8 | 15-4 | 13-5 | 16-8 | 13-2 | 20-9 | 13-12 | 10-6 | 16-13 | | 12-8 | 11-7 |
| 13-9 | 12-8 | 18-15 | 19-15 | 20-16 | 19-18 | 16-6 | 12-1 | 11-3 | 19-11 | 14-3 | 20-10 | 20-19 | 20-16 | | | 19-15 | 13-1 |
| 16-13 | 10-6 | 9-5 | 11-7 | 14-11 | 12-10 | 17-10 | 12-5 | 20-12 | 14-6 | 18-11 | 9-2 | 19-17 | | | | | 15-12 |
| 7-3 | 20-16 | 17-14 | 12-8 | 15-12 | 19-17 | 16-15 | 15-13 | 17-9 | 9-1 | 12-10 | 16-15 | 15-13 | 17-14 | 19-15 | 16-13 | 13-9 | 12-8 |
| 19-15 | 4-0 | 16-13 | 18-15 | 13-9 | 11-9 | 13-12 | 20-19 | 16-8 | 11-1 | 17-16 | 11-10 | 10-8 | 12-8 | 11-7 | 20-16 | 10-6 | 17-14 |
| 19-14 | 7-2 | 13-4 | 17-8 | 12-6 | 15-10 | 15-9 | 20-15 | 19-11 | 10-12 | 10-5 | 16-10 | 19-14 | 7-2 | 9-3 | 13-7 | 18-13 | 11-5 |
| 17-16 | 20-14 | 20-19 | 19-10 | 11-2 | 12-11 | 9-7 | 16-15 | 13-7 | 18-13 | 20-19 | 15-13 | 10-8 | 17-16 | 1-0 | 12-10 | 7-2 | 18-9 |
| 9-7 | 13-7 | 15-13 | 14-5 | 18-9 | 19-18 | 6-4 | 11-9 | 12-6 | 14-8 | 19-17 | 11-9 | 14-13 | 12-11 | 8-6 | 20-19 | 20-15 | 17-16 |
| 20-19 | 14-8 | 10-1 | 11-9 | 19-17 | 12-3 | 17-16 | 19-18 | 19-14 | 7-2 | 10-9 | 16-15 | 11-10 | 19-18 | 15-13 | 19-17 | 9-3 | 19-17 |
| 15-13 | 9-3 | 16-7 | 12-10 | 15-13 | 15-6 | 16-15 | 13-12 | 15-9 | 20-15 | 12-10 | 13-12 | 19-18 | 20-19 | 19-17 | 15-13 | 19-14 | 14-13 |
| 11-10 | 19-14 | 20-11 | 16-15 | 9-0 | 19-18 | 19-7 | 6-1 | 17-16 | 10-8 | 13-7 | 16-15 | 15-13 | 16-15 | 11-9 | 17-16 | 18-13 | 9-7 |
| 19-17 | 12-6 | 17-8 | 12-11 | 14-5 | 14-13 | 12-6 | 10-1 | 15-13 | 20-19 | 16-15 | 15-10 | 19-17 | 12-10 | 14-13 | 20-19 | 14-8 | 10-9 |
| 14-13 | 10-5 | 19-10 | 11-2 | 19-14 | 7-2 | 12-10 | 16-7 | 13-12 | 20-19 | 2-1 | 12-11 | 20-14 | 6-1 | 16-10 | 19-14 | 13-7 | 20-19 |
| 12-10 | 15-9 | 15-13 | 10-8 | 16-3 | 19-10 | 11-9 | 20-11 | 15-13 | 19-17 | 8-6 | 11-9 | 19-18 | 15-13 | 19-17 | 13-12 | 12-6 | 17-16 |
| 13-12 | 7-2 | 16-15 | 20-19 | 13-4 | 14-5 | 19-18 | 10-9 | 12-10 | 15-13 | 19-17 | 14-13 | 11-10 | 16-15 | 14-13 | 20-19 | 19-14 | 12-10 |
| 10-8 | 6-1 | 14-13 | 20-11 | 13-12 | 16-15 | 17-8 | 15-13 | 3-1 | 19-18 | 11-9 | 17-16 | 10-9 | 20-19 | 9-7 | 19-17 | 15-9 | 14-13 |

blank squares are white

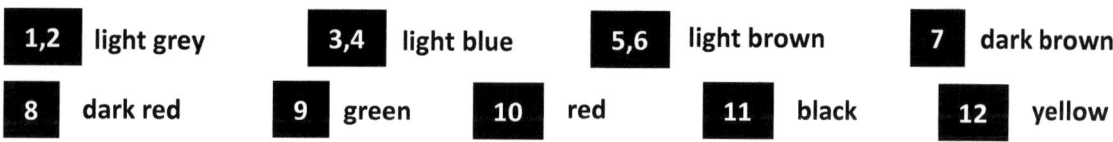

Key:

**1,2** light grey  **3,4** light blue  **5,6** light brown  **7** dark brown

**8** dark red  **9** green  **10** red  **11** black  **12** yellow

# 13. SNOW GOLEM

*ADVANCED SUBTRACTION*

| | | | | | | | | | | | | | | | | |
|---|---|---|---|---|---|---|---|---|---|---|---|---|---|---|---|---|
| 19-8 | 13-2 | 18-4 | 16-1 | 19-6 | 20-5 | 15-4 | 17-5 | 18-7 | 14-2 | 19-8 | 12-1 | 17-3 | 16-5 | 19-6 | 15-0 | 20-5 | 13-2 |
| 17-2 | 19-13 | 14-2 | 14-8 | 17-11 | 13-4 | 15-7 | 9-3 | 13-2 | 20-10 | 19-13 | 20-5 | 15-4 | 15-7 | 17-5 | 13-7 | 16-7 | 14-2 |
| 16-4 | 13-7 | 18-7 | 13-2 | 10-4 | 20-10 | 11-3 | 16-7 | 16-1 | 11-3 | 16-7 | 18-8 | 16-1 | 20-10 | 13-2 | 18-4 | 12-2 | 19-8 |
| 17-3 | 18-8 | 16-1 | 19-16 | 16-11 | 10-9 | 12-2 | 13-4 | 18-4 | 13-7 | 13-10 | 11-6 | 14-11 | 11-3 | 14-8 | 19-13 | 15-7 | 12-1 |
| 16-5 | 15-7 | 15-4 | 13-9 | 15-13 | 18-15 | 13-10 | 19-13 | 17-3 | 7-2 | 10-5 | 19-16 | 10-9 | 14-11 | 18-7 | 19-6 | 20-10 | 17-5 |
| 13-2 | 20-5 | 11-6 | 12-7 | 14-11 | 17-13 | 20-15 | 18-8 | 16-4 | 17-16 | 10-9 | 20-15 | 15-13 | 18-15 | 13-10 | 19-8 | 17-11 | 16-1 |
| 17-5 | 19-6 | 19-16 | 16-11 | 10-9 | 15-13 | 18-15 | 18-7 | 15-4 | 20-15 | 13-9 | 15-13 | 18-15 | 13-10 | 10-9 | 15-4 | 13-7 | 18-4 |
| 12-1 | 19-8 | 20-15 | 13-9 | 15-13 | 18-15 | 13-10 | 18-4 | 15-0 | 17-16 | 8-4 | 11-6 | 12-7 | 14-11 | 17-13 | 20-15 | 19-13 | 20-5 |
| 17-2 | 15-7 | 20-15 | 7-2 | 19-16 | 16-11 | 10-9 | 14-3 | 16-1 | 19-16 | 16-11 | 10-9 | 15-13 | 18-15 | 10-5 | 9-7 | 18-7 | 19-6 |
| 15-0 | 11-3 | 16-7 | 17-16 | 8-4 | 11-6 | 17-11 | 19-4 | 18-3 | 10-4 | 18-15 | 13-10 | 8-7 | 17-16 | 8-4 | 11-6 | 13-2 | 14-2 |
| 16-1 | 20-10 | 13-7 | 18-8 | 14-8 | 19-13 | 15-4 | 16-1 | 15-0 | 11-0 | 19-8 | 14-3 | 16-5 | 18-4 | 15-7 | 20-10 | 11-3 | 15-4 |
| 14-2 | 17-11 | 12-2 | 13-2 | 16-5 | 18-3 | 14-2 | 17-2 | 12-1 | 18-3 | 16-5 | 16-4 | 19-13 | 13-7 | 19-6 | 20-5 | 17-5 | 19-8 |
| 20-5 | 15-7 | 19-6 | 17-5 | 19-4 | 19-8 | 18-7 | 16-4 | 17-3 | 14-3 | 15-0 | 18-7 | 15-4 | 17-2 | 14-2 | 12-2 | 16-7 | 17-3 |
| 18-4 | 13-4 | 11-6 | 12-7 | 19-13 | 20-15 | 13-9 | 18-8 | 16-7 | 11-6 | 12-7 | 15-7 | 13-10 | 14-8 | 14-11 | 13-9 | 17-11 | 16-1 |
| 18-7 | 13-9 | 15-13 | 18-15 | 13-10 | 10-9 | 11-6 | 12-7 | 14-11 | 17-13 | 20-15 | 19-16 | 16-11 | 10-9 | 20-15 | 7-4 | 20-10 | 18-7 |
| 15-4 | 9-6 | 20-15 | 19-16 | 16-11 | 10-9 | 20-15 | 13-9 | 15-13 | 18-15 | 13-10 | 10-9 | 11-6 | 12-7 | 14-11 | 17-13 | 20-15 | 13-2 |
| 14-3 | 20-15 | 13-9 | 15-13 | 18-15 | 13-10 | 17-16 | 8-4 | 11-6 | 12-7 | 14-11 | 17-13 | 20-15 | 13-9 | 15-13 | 18-15 | 13-10 | 16-5 |
| 19-8 | 12-2 | 17-13 | 20-15 | 14-11 | 13-7 | 20-10 | 18-15 | 13-10 | 19-6 | 11-6 | 12-7 | 14-11 | 17-13 | 17-5 | 11-3 | 19-13 | 20-5 |
| 17-5 | 19-13 | 12-7 | 14-11 | 18-4 | 10-4 | 15-7 | 14-11 | 20-5 | 13-2 | 13-7 | 20-10 | 12-2 | 13-10 | 19-6 | 13-7 | 15-7 | 18-4 |
| 14-2 | 11-3 | 16-7 | 18-8 | 18-7 | 19-13 | 14-8 | 17-11 | 19-8 | 14-2 | 17-5 | 11-3 | 14-8 | 16-7 | 18-7 | 20-10 | 12-2 | 15-0 |
| 19-6 | 17-2 | 20-5 | 16-5 | 13-2 | 12-1 | 15-4 | 17-3 | 14-3 | 16-1 | 16-4 | 18-4 | 16-5 | 17-2 | 20-5 | 17-3 | 19-8 | 15-4 |

blank squares are white

**Key:**

■ 1-5   dark red     ■ 6-10   yellow     ■ 11-15   orange

## 14. ENDER DRAGON

*ADVANCED SUBTRACTION*

| | | | | | | | | | | | | | | | | | |
|---|---|---|---|---|---|---|---|---|---|---|---|---|---|---|---|---|---|
| 14-12 | 13-12 | 10-9 | 15-11 | 10-9 | 11-10 | 10-7 | 13-9 | 12-8 | 18-15 | 14-11 | 19-15 | 17-16 | 14-11 | 17-13 | 16-14 | 11-7 | 10-9 |
| 19-16 |  | 18-15 | 15-13 | 18-15 | 12-8 | 18-3 | 7-4 |  |  | 20-16 | 13-9 | 15-13 | 10-9 | 15-13 | 20-5 | 15-13 | 18-15 |
| 15-11 | 10-9 | 17-13 | 14-11 | 17-13 | 19-15 | 11-10 | 17-13 |  |  | 14-11 | 17-13 | 20-17 | 17-2 | 9-7 | 13-10 | 11-7 | 11-7 |
| 15-13 | 18-15 | 10-7 | 10-9 | 15-13 |  |  | 18-15 |  | 15-13 |  |  | 11-10 | 8-6 | 10-6 | 19-16 | 18-3 |  |
| 14-11 | 17-13 | 20-5 | 15-13 | 18-15 |  |  | 15-13 |  | 10-9 |  |  | 12-8 | 18-15 | 10-9 | 20-16 | 10-9 |  |
| 10-9 | 15-13 | 13-11 | 19-16 | 16-12 |  |  | 14-12 |  |  | 18-15 |  |  | 16-14 | 19-4 | 13-9 | 15-13 | 18-16 |
| 15-13 | 18-15 | 12-8 | 15-13 | 18-15 |  |  | 5-3 |  |  | 17-13 |  |  | 14-12 | 12-10 | 8-4 | 9-6 | 17-13 |
| 19-16 | 16-12 | 13-10 | 11-3 | 16-7 | 10-4 | 20-10 | 12-2 | 19-14 | 14-8 | 13-7 | 20-10 | 10-5 | 19-14 | 14-8 | 16-12 | 10-9 | 15-13 |
| 8-4 | 17-2 | 19-15 | 16-7 | 12-8 | 18-15 | 10-9 | 20-16 | 10-4 | 20-10 | 15-13 | 13-11 | 19-16 | 16-12 | 12-2 | 8-6 | 17-2 | 18-17 |
| 12-8 | 14-11 | 13-9 | 13-4 | 20-3 | 20-2 | 19-3 | 14-11 | 17-13 | 19-15 | 11-10 | 20-4 | 18-0 | 18-1 | 16-7 | 15-13 | 11-7 | 16-12 |
| 16-1 | 20-16 | 7-4 | 12-2 | 18-1 | 19-1 | 18-0 | 16-0 | 15-7 | 9-4 | 19-2 | 19-1 | 20-2 | 20-3 | 13-8 | 9-6 | 15-13 | 18-15 |
| 19-15 | 14-11 | 17-13 | 13-7 | 20-10 | 10-5 | 19-14 | 14-8 | 11-3 | 16-7 | 10-4 | 20-10 | 12-2 | 19-14 | 14-8 | 10-9 | 19-15 | 17-16 |
| 12-11 | 15-13 | 18-15 | 10-4 | 15-7 | 16-7 | 18-6 | 15-4 | 12-7 | 13-4 | 16-2 | 13-2 | 15-7 | 11-3 | 19-13 | 16-1 | 13-9 | 15-13 |
| 11-7 | 10-9 | 15-13 | 19-14 | 14-8 | 13-8 | 18-4 | 12-0 | 20-10 | 12-2 | 18-4 | 16-5 | 11-6 | 13-7 | 15-7 | 12-9 | 17-13 | 20-17 |
| 16-4 | 14-0 | 20-9 | 11-6 | 19-13 | 13-2 | 14-3 | 16-3 | 17-3 | 12-1 | 20-9 | 20-6 | 18-6 | 20-10 | 19-13 | 12-1 | 10-4 | 20-10 |
| 17-3 | 12-1 | 19-6 | 13-7 | 15-7 | 16-5 | 19-7 | 18-4 | 14-2 | 15-2 | 19-6 | 18-4 | 18-4 | 11-3 | 16-7 | 15-2 | 16-2 | 13-2 |
| 20-6 | 14-2 | 15-2 | 20-10 | 12-2 | 20-6 | 16-4 | 14-0 | 20-9 | 20-6 | 14-2 | 15-2 | 14-3 | 15-7 | 9-3 | 20-6 | 18-4 | 16-5 |
| 18-4 | 15-4 | 14-3 | 11-3 | 16-7 | 18-4 | 17-3 | 12-1 | 19-6 | 18-4 | 15-4 | 14-3 | 19-7 | 11-6 | 16-7 | 18-6 | 20-9 | 20-7 |
| 12-1 | 20-9 | 20-6 | 20-10 | 13-8 | 15-2 | 18-0 | 19-1 | 20-4 | 19-2 | 20-2 | 18-0 | 16-4 | 12-2 | 13-4 | 18-4 | 19-6 | 18-6 |
| 19-16 | 16-12 | 18-6 | 17-11 | 12-7 | 17-3 | 12-1 | 16-4 | 14-0 | 14-2 | 15-2 | 17-3 | 12-1 | 17-11 | 13-4 | 14-3 | 20-17 | 20-5 |
| 15-13 | 18-15 | 18-4 | 19-14 | 14-8 | 13-8 | 11-6 | 13-7 | 15-7 | 11-6 | 16-7 | 17-11 | 13-4 | 10-4 | 20-10 | 19-7 | 11-7 | 16-12 |

blank squares are white

**Key:**

| | | | | | | | | | |
|---|---|---|---|---|---|---|---|---|---|
| **1-4** | light grey | **5-10** | dark grey | **11-14** | black | **15** | light blue | | |
| **16-17** | light pink | **18-20** | pink | | | | | | |

# 15. MOSHROOM

*BASIC MULTIPLICATION*

| | | | | | | | | | | | | | | | | | |
|---|---|---|---|---|---|---|---|---|---|---|---|---|---|---|---|---|---|
| 3x10 | 3x7 | 3x8 | 13x2 | 5x5 | 4x7 | 2x12 | 2x11 | 2x13 | 8x3 | 2x12 | 6x8 | 5x10 | 7x7 | 12x4 | 8x3 | 5x5 | 2x12 |
| 5x5 | 13x2 | 4x7 | 11x2 | 8x3 | 3x10 | 3x7 | 3x8 | 3x5 | 5x5 | 10x5 | | 4x12 | | 6x8 | 9x5 | 2x13 | 7x3 |
| 4x12 | 10x5 | 6x8 | 5x3 | 1x12 | 7x2 | 4x3 | 5x9 | 2x7 | 4x7 | 6x8 | 9x5 | 12x4 | 7x7 | 5x10 | | 8x3 | 4x7 |
| 9x5 | 7x7 | 4x12 | 3x4 | 3x5 | 2x7 | | 5x10 | 4x3 | 2x13 | 5x5 | 7x7 | | 5x9 | 4x12 | 3x10 | 3x7 | 3x8 |
| 2x4 | 1x9 | 12x4 | 2x7 | 7x2 | 10x5 | 2x5 | 3x3 | 3x10 | 3x7 | 3x8 | 2x12 | 4x10 | 9x4 | 12x2 | 7x4 | 2x13 | 5x5 |
| 3x3 | 5x2 | 5x10 | 3x4 | 6x8 | 7x7 | 1x8 | 4x2 | 9x4 | 3x12 | 10x4 | 7x5 | 6x6 | 5x8 | 8x5 | 4x10 | 12x3 | 5x7 |
| 7x7 | 12x4 | 6x8 | 2x21 | 9x5 | 4x12 | 7x7 | 5x10 | 8x5 | 4x10 | 5x7 | 5x8 | 3x12 | 10x4 | 3x11 | 7x5 | 6x6 | 9x4 |
| 5x9 | 7x7 | | | | 10x5 | 6x8 | 10x4 | 7x5 | 6x6 | 9x4 | 11x3 | 8x5 | 5x7 | 3x12 | 4x10 | 5x8 | |
| 5x10 | | 3x3 | 3x5 | 4x3 | 4x2 | | 12x4 | 5x7 | 12x3 | 5x8 | 4x10 | 3x12 | 7x5 | 9x4 | 6x6 | 8x5 | 10x4 |
| 4x12 | | 3x4 | 7x2 | 31x1 | 5x3 | | 9x5 | 9x4 | 3x12 | 6x6 | 5x7 | 8x5 | 12x3 | 4x10 | 5x8 | 7x5 | 3x11 |
| 8x3 | 4x7 | 5x5 | 5x7 | 6x6 | 3x11 | 11x3 | 4x10 | 8x5 | 7x5 | 10x4 | 6x6 | 5x8 | 3x12 | 3x11 | 6x6 | 9x4 | 5x7 |
| 3x10 | 3x7 | 3x8 | 5x3 | 8x5 | 9x4 | 5x8 | 6x6 | 3x12 | 11x3 | 3x11 | 5x7 | 6x6 | 4x10 | 11x3 | 7x5 | 10x4 | 12x3 |
| 13x2 | 2x13 | 7x3 | 4x3 | 3x12 | 3x11 | 7x5 | 12x3 | 6x6 | 5x7 | 9x4 | 5x3 | 3x4 | 7x2 | 8x5 | 5x8 | 5x7 | 4x10 |
| 5x5 | 7x4 | 2x12 | 8x5 | 6x6 | 3x11 | 10x4 | 5x8 | 15x1 | 7x2 | 15x1 | 1x13 | 4x3 | 2x7 | 3x5 | 3x12 | 9x4 | 8x5 |
| 8x0 | 3x6 | 4x4 | 4x10 | 3x12 | 9x4 | 12x3 | 2x7 | 4x3 | 1x14 | 3x5 | 7x2 | 11x1 | 5x3 | 12x1 | 3x4 | 5x7 | 10x4 |
| 5x4 | 4x4 | 4x5 | 9x4 | 5x8 | 7x5 | 6x6 | 4x12 | 5x10 | 4x4 | 4x5 | 3x6 | 5x4 | 18x1 | 4x4 | 6x3 | 4x10 | 12x3 |
| 6x3 | 2x2 | 3x6 | 2x7 | 5x7 | 8x5 | 9x4 | 6x8 | 12x4 | 6x3 | 1x20 | 4x4 | 0x7 | 5x4 | 4x5 | 3x6 | 3x12 | 7x5 |
| 3x6 | 5x4 | 4x4 | 4x3 | 12x3 | 5x7 | 4x10 | 10x5 | 7x7 | 5x4 | 3x6 | 3x1 | | 1x4 | 4x4 | 6x3 | 10x4 | 5x8 |
| 4x4 | 6x3 | 3x6 | 5x3 | 10x4 | 7x5 | 3x12 | 21x2 | 9x5 | 6x3 | 4x4 | | 5x1 | 4x5 | 3x6 | 5x4 | 5x7 | 9x4 |
| 4x5 | 3x6 | 6x3 | 7x2 | 7x5 | 8x5 | 9x4 | 5x9 | 4x12 | 3x6 | 5x4 | 4x5 | 3x5 | 3x4 | 6x3 | 4x4 | 12x3 | 4x10 |
| 3x6 | 4x4 | 6x3 | 9x4 | 3x12 | 4x10 | 5x7 | 5x10 | 6x8 | 5x4 | 6x3 | 7x2 | 4x3 | 4x4 | 4x5 | 3x6 | 7x5 | 6x6 |

blank squares are white

**Key:**

| 41-50 | light red | 31-40 | dark red | 21-30 | light blue | 16-20 | green |
| 11-15 | grey | 6-10 | black | 0-5 | yellow | | |

# 16. ZOMBIE

*BASIC MULTIPLICATION*

| | | | | | | | | | | | | | | | | | |
|---|---|---|---|---|---|---|---|---|---|---|---|---|---|---|---|---|---|
| 12x3 | 5x7 | 3x1 | 5x8 | 6x6 | 2x7 | 4x3 | 1x20 | 3x5 | 7x2 | 11x1 | 5x3 | 12x1 | 11x3 | 4x10 | 9x4 | 1x5 | 6x6 |
| 7x5 | 9x4 | 5x7 | 5x7 | 8x5 | 9x2 | 3x5 | 1x14 | 6x3 | 4x5 | 2x13 | 5x5 | 3x6 | 5x8 | 7x5 | 3x12 | 4x10 | 5x8 |
| 1x4 | 4x10 | 9x4 | 12x3 | 3x12 | 6x3 | 3x10 | 3x7 | 3x8 | 13x2 | 5x5 | 4x7 | 2x10 | 7x5 | 2x2 | 6x6 | 8x5 | 10x4 |
| 5x7 | 3x11 | 5x8 | 10x4 | 6x6 | 7x3 | 5x5 | 13x2 | 4x7 | 11x2 | 8x3 | 3x10 | 3x7 | 10x4 | 12x3 | 5x7 | 1x0 | 3x11 |
| 9x4 | 11x3 | 2x2 | 7x5 | 3x12 | 4x7 | 6x6 | 8x5 | 5x5 | 2x12 | 3x12 | 4x10 | 13x2 | 12x3 | 10x4 | 9x4 | 7x5 | 11x3 |
| 5x7 | 8x5 | 6x6 | 3x12 | 1x4 | 5x5 | 2x12 | 7x3 | 2x7 | 4x3 | 13x2 | 8x3 | 4x7 | 6x6 | 7x5 | 5x8 | 12x3 | 8x5 |
| 4x10 | 0x1 | 3x12 | 4x10 | 5x8 | 2x13 | 7x3 | 3x6 | 2x13 | 5x5 | 7x2 | 3x7 | 3x8 | 9x4 | 2x2 | 10x4 | 3x12 | 5x1 |
| 3x12 | 7x5 | 6x6 | 8x5 | 10x4 | 8x3 | 4x7 | 2x10 | 5x3 | 12x1 | 4x5 | 2x13 | 5x5 | 4x10 | 6x6 | 3x11 | 4x10 | 9x4 |
| 10x4 | 4x12 | 6x7 | 24x2 | 7x6 | 4x12 | 5x10 | 5x5 | 13x2 | 4x7 | 11x2 | 24x2 | 7x7 | 4x12 | 6x8 | 12x4 | 10x5 | 4x10 |
| 5x7 | 6x8 | 7x6 | 2x21 | 9x5 | 6x8 | 12x4 | 7x6 | 3x7 | 3x8 | 10x5 | 9x5 | 24x2 | 10x5 | 10x5 | 7x7 | 21x2 | 3x11 |
| 12x3 | 5x10 | 6x8 | 7x6 | 2x24 | 10x5 | 7x7 | 24x2 | 12x4 | 6x8 | 2x21 | 9x5 | 4x12 | 7x7 | 5x10 | 4x12 | 6x7 | 11x3 |
| 7x5 | 4x12 | 10x5 | 6x8 | 6x7 | 21x2 | 9x5 | 2x25 | 6x7 | 10x5 | 6x8 | 4x12 | 5x10 | 24x2 | 2x24 | 6x8 | 7x6 | 0x3 |
| 2x2 | 2x13 | 7x3 | 3x8 | 13x2 | 5x9 | 4x12 | 6x7 | 24x2 | 7x7 | 4x12 | 6x8 | 12x4 | 4x7 | 7x3 | 5x5 | 8x3 | 3x12 |
| 5x7 | 5x5 | 12x1 | 4x7 | 11x2 | 5x10 | 6x8 | 7x6 | 9x5 | 24x2 | 10x5 | 10x5 | 7x7 | 3x7 | 5x5 | 2x7 | 3x10 | 4x10 |
| 9x4 | 11x2 | 3x6 | 5x5 | 2x12 | 4x12 | 10x5 | 6x8 | 2x24 | 9x5 | 21x2 | 21x2 | 9x5 | 2x13 | 3x8 | 9x2 | 13x2 | 7x5 |
| 5x8 | 2x12 | 2x10 | 7x3 | 2x7 | 9x5 | 7x7 | 4x12 | 6x7 | 9x5 | 2x25 | 5x9 | 4x12 | 12x1 | 7x3 | 6x3 | 5x5 | 12x3 |
| 10x4 | 8x3 | 4x7 | 5x5 | 9x2 | 6x7 | 24x2 | 10x5 | 4x12 | 4x12 | 6x7 | 5x10 | 6x8 | 3x6 | 5x5 | 2x12 | 4x7 | 3x12 |
| 3x11 | 3x10 | 3x7 | 3x8 | 6x3 | 2x21 | 9x5 | 21x2 | 7x7 | 6x8 | 7x6 | 24x2 | 10x5 | 2x10 | 2x13 | 7x3 | 3x7 | 7x5 |
| 5x7 | 13x2 | 2x13 | 7x3 | 4x7 | 5x10 | 6x8 | 7x6 | 9x5 | 24x2 | 10x5 | 4x12 | 6x7 | 3x10 | 8x3 | 4x7 | 2x13 | 11x3 |
| 12x3 | 5x5 | 7x4 | 4x3 | 5x5 | 2x3 | 4x2 | 2x5 | 3x3 | 3x2 | 1x8 | 21x2 | 7x7 | 8x3 | 7x2 | 2x13 | 7x3 | 2x2 |
| 4x9 | 2x10 | 13x2 | 3x5 | 7x2 | 5x2 | 3x3 | 3x2 | 9x1 | 4x2 | 2x5 | 3x3 | 12x4 | 3x6 | 4x5 | 7x3 | 12x1 | 10x4 |

**blank squares are white**

**Key:**

**41-50** **light blue** **31-40** **black** **21-30** **light green** **11-20** **dark green**

**6-10** **dark blue** **0-5** **yellow**

# 17. VILLAGER

*BASIC MULTIPLICATION*

| | | | | | | | | | | | | | | | | | |
|---|---|---|---|---|---|---|---|---|---|---|---|---|---|---|---|---|---|
| 10x3 | 8x3 | 4x7 | 2x13 | 3x7 | 7x5 | 3x13 | 6x6 | 8x5 | 10x4 | 5x7 | 5x7 | 8x5 | 2x12 | 8x3 | 3x10 | 3x7 | 8x3 |
| 5x5 | | | 13x2 | 10x4 | 12x3 | 5x7 | 6x6 | 3x11 | 9x4 | 12x3 | 3x12 | 3x7 | 3x8 | | | | 10x3 |
| 13x2 | 2x13 | 7x3 | 4x7 | 3x10 | 12x3 | 10x4 | 9x4 | 7x5 | 11x3 | 5x8 | 10x4 | 6x6 | 7x4 | | | | |
| 2x5 | 3x3 | 5x5 | 2x13 | 3x8 | 6x6 | 7x5 | 5x8 | 12x3 | 8x5 | 4x10 | 7x5 | 3x13 | 5x5 | 13x2 | | | 3x7 |
| 1x8 | 4x2 | 5x2 | 7x4 | 5x5 | 12x3 | 2x4 | 1x9 | 3x3 | 8x1 | 2x5 | 3x3 | 12x3 | 2x13 | 5x5 | 10x3 | 8x3 | 13x2 |
| 2x4 | 1x9 | 3x3 | 8x1 | 13x2 | 7x5 | | 7x7 | 9x4 | 12x3 | 25x2 | | 7x5 | 8x3 | 4x7 | 3x3 | 3x10 | 4x7 |
| | | | 5x5 | 2x2 | 3x12 | 9x4 | 0x7 | 4x1 | 6x6 | 10x4 | 3x1 | 3x7 | 2x5 | 1x10 | 4x2 | 3x8 | |
| 4x2 | | 2x5 | | 4x7 | 3x1 | 4x10 | 5x8 | 1x4 | 2x2 | 5x7 | 12x3 | 5x1 | 2x13 | | | | 5x5 |
| | 3x3 | | 4x4 | 5x1 | 7x5 | 1x7 | 3x1 | 9x0 | 2x5 | 6x6 | 8x0 | 4x4 | | | | | 4x5 |
| 2x13 | 3x6 | 13x2 | 2x13 | 5x4 | 8x0 | 12x3 | 5x7 | 5x1 | 1x2 | 9x4 | 9x4 | 1x3 | 2x13 | 5x4 | 4x4 | 3x6 | 13x2 |
| 4x4 | 10x5 | 7x7 | 24x2 | 12x4 | 4x2 | 3x12 | 9x4 | 8x0 | 1x3 | 4x10 | 4x10 | 9x1 | 6x7 | 10x5 | 6x8 | 4x12 | 4x5 |
| 5x4 | 21x2 | 9x5 | 2x25 | 6x7 | 4x3 | 5x2 | 5x7 | 2x2 | 11x0 | 3x11 | 2x4 | 3x5 | 24x2 | 7x7 | 4x12 | 6x8 | 6x3 |
| 3x6 | 5x9 | 4x12 | 6x7 | 24x2 | 11x1 | 7x2 | 4x2 | 5x8 | 12x3 | 2x5 | 2x7 | 12x1 | 9x5 | 24x2 | 10x5 | 10x5 | 2x13 |
| 13x2 | 5x10 | 6x8 | 7x6 | 9x5 | 7x2 | 1x12 | 5x3 | 6x1 | 3x3 | 4x3 | 1x14 | 5x3 | 2x24 | 9x5 | 21x2 | 21x2 | 4x4 |
| 6x3 | 4x12 | 10x5 | 6x8 | 2x24 | 6x8 | 12x4 | 10x5 | 3x5 | 8x6 | 24x2 | 7x6 | 4x12 | 6x7 | 9x5 | 2x25 | 5x9 | 5x4 |
| 4x5 | 9x5 | 7x7 | 4x12 | 6x7 | 10x5 | 7x7 | 21x2 | 2x7 | 4x3 | 2x21 | 9x5 | 6x8 | 4x12 | 4x12 | 6x7 | 5x10 | 3x6 |
| 3x6 | 6x7 | 24x2 | 10x5 | 4x12 | 5x10 | 4x12 | 6x7 | 9x5 | 5x3 | 7x6 | 2x24 | 10x5 | 7x7 | 6x8 | 7x6 | 24x2 | 13x2 |
| 13x2 | 2x21 | 9x5 | 21x2 | 7x7 | 2x24 | 6x8 | 7x6 | 12x4 | 7x2 | 6x8 | 6x7 | 21x2 | 9x5 | 24x2 | 10x5 | 4x12 | 6x3 |
| 4x5 | 5x4 | 4x4 | | 15x1 | 7x2 | 15x1 | 1x13 | 4x3 | 2x7 | 3x5 | 5x3 | 1x12 | 7x2 | 2x13 | 5x4 | 13x2 | 4x5 |
| 6x3 | | 2x13 | 5x4 | 4x3 | 1x14 | 3x5 | 7x2 | 11x1 | 5x3 | 12x1 | 3x4 | 3x5 | 2x7 | 3x6 | | 5x4 | |
| 4x4 | 2x13 | 5x4 | 13x2 | 2x7 | 3x5 | 5x3 | 1x12 | 7x2 | 4x3 | 1x14 | 3x5 | 7x2 | 11x1 | 13x2 | 4x5 | 4x4 | 2x13 |

blank squares are white

**Key:**

| | | | | | | | |
|---|---|---|---|---|---|---|---|
| **41-50** | light green | **31-40** | light pink | **21-30** | light blue | **16-20** | light grey |
| **11-15** | dark green | **6-10** | dark brown | **0-5** | light brown | | |

# 18. SKELETON

## BASIC MULTIPLICATION

| 11x3 | 12x3 | 2x2 | 7x5 | 10x4 | 4x12 | 10x5 | 6x8 | 2x24 | 6x8 | 12x4 | 10x5 | 6x7 | 12x3 | 8x5 | 4x10 | 0x12 | 6x6 |
|---|---|---|---|---|---|---|---|---|---|---|---|---|---|---|---|---|---|
| 4x1 | 6x6 | 3x11 | 9x4 | 12x3 | 9x5 | 7x7 | 4x12 | 6x7 | 10x5 | 7x7 | 21x2 | 4x12 | 9x4 | 2x2 | 7x5 | 5x8 | 5x7 |
| 12x3 | 8x5 | 4x10 | 12x0 | 6x6 | 6x7 | 24x2 | 10x5 | 4x11 | 5x10 | 4x12 | 6x7 | 7x7 | 6x6 | 3x11 | 9x4 | 7x5 | 5x8 |
| 10x4 | 9x4 | 7x5 | 11x3 | 12x3 | 2x21 | 9x5 | 21x2 | 7x7 | 2x24 | 6x8 | 7x6 | 9x5 | 12x3 | 8x5 | 4x10 | 5x1 | 9x4 |
| 7x5 | 18x0 | 4x10 | 3x13 | 7x5 | 7x7 | 3x4 | 5x3 | 9x5 | 6x7 | 7x2 | 1x12 | 4x12 | 10x4 | 9x4 | 7x5 | 11x3 | 5x8 |
| 3x13 | 6x6 | 8x5 | 10x4 | 5x7 | 9x5 | 7x7 | 21x2 | 4x4 | 2x10 | 5x9 | 12x4 | 6x8 | 7x5 | 5x8 | 12x3 | 8x5 | 4x10 |
| 12x3 | 5x7 | 6x6 | 3x11 | 9x4 | 4x12 | 1x11 | 4x3 | 2x7 | 3x5 | 13x1 | 3x4 | 10x5 | 11x3 | 8x0 | 9x4 | 8x5 | 5x7 |
| 11x3 | 7x5 | 10x4 | 1x5 | 3x11 | 6x8 | 9x5 | 7x7 | 4x12 | 6x7 | 10x5 | 8x6 | 21x2 | 8x5 | 3x11 | 4x10 | 3x13 | 6x6 |
| 8x5 | 10x4 | 7x7 | 10x5 | 7x6 | 10x5 | 2x21 | 9x5 | 6x8 | 4x12 | 4x12 | 6x7 | 5x9 | 7x7 | 10x5 | 5x9 | 6x6 | 50x0 |
| 2x2 | 12x3 | 21x2 | 21x2 | 6x6 | 7x7 | 6x6 | 3x11 | 24x2 | 9x5 | 3x13 | 6x6 | 5x10 | 11x3 | 7x7 | 5x10 | 3x13 | 10x4 |
| 11x3 | 6x6 | 2x25 | 5x9 | 5x7 | 24x2 | 4x12 | 6x7 | 2x25 | 6x7 | 7x7 | 21x2 | 24x2 | 8x5 | 24x2 | 24x2 | 12x3 | 12x3 |
| 3x13 | 12x3 | 6x7 | 5x10 | 7x5 | 9x5 | 12x3 | 8x5 | 6x7 | 2x21 | 7x5 | 11x3 | 4x11 | 8x5 | 9x5 | 4x12 | 7x5 | 6x6 |
| 10x4 | 7x5 | 7x6 | 4x12 | 10x4 | 12x4 | 2x21 | 10x5 | 7x6 | 7x7 | 4x12 | 9x5 | 7x7 | 3x12 | 5x9 | 10x5 | 5x8 | 12x3 |
| 2x5 | 3x12 | 7x7 | 9x5 | 12x3 | 7x7 | 7x5 | 11x3 | 6x8 | 10x5 | 6x6 | 3x11 | 9x5 | 6x6 | 4x12 | 21x2 | 2x3 | 7x5 |
| 3x13 | 6x6 | 24x2 | 6x7 | 6x6 | 4x12 | 7x7 | 21x2 | 4x12 | 21x2 | 4x12 | 6x7 | 4x12 | 3x13 | 6x8 | 5x9 | 10x4 | 6x6 |
| 8x5 | 2x4 | 9x5 | 2x21 | 12x3 | 6x8 | 6x6 | 3x11 | 10x5 | 5x9 | 8x5 | 4x10 | 6x8 | 5x2 | 24x2 | 5x10 | 12x3 | 1x7 |
| 11x3 | 12x3 | 9x5 | 6x7 | 7x5 | 5x7 | 4x12 | 6x7 | 21x2 | 5x10 | 7x7 | 21x2 | 5x8 | 9x4 | 10x5 | 4x12 | 6x6 | 4x10 |
| 3x2 | 6x6 | 4x12 | 24x2 | 11x3 | 12x3 | 8x5 | 4x10 | 8x6 | 5x9 | 3x13 | 10x4 | 9x1 | 4x10 | 21x2 | 9x5 | 12x3 | 4x2 |
| 10x1 | 5x7 | 6x8 | 9x5 | 8x5 | 2x21 | 9x5 | 6x8 | 4x12 | 4x11 | 6x7 | 5x10 | 6x8 | 13x3 | 2x25 | 6x7 | 3x13 | 6x6 |
| 2x13 | 5x5 | 24x2 | 4x11 | 2x5 | 7x6 | 2x24 | 10x5 | 7x7 | 6x8 | 7x6 | 11x4 | 6x7 | 2x12 | 6x7 | 2x21 | 8x3 | 13x2 |
| 8x3 | 4x7 | 5x9 | 6x7 | 13x2 | 8x6 | 24x2 | 7x6 | 4x11 | 6x7 | 9x5 | 2x25 | 5x9 | 3x7 | 7x6 | 4x12 | 3x10 | 4x7 |

blank squares are white

Key:

 41-50  light grey      31-40  blue      21-30  red      16-20  dark grey

11-15  black      6-10  orange      0-5  yellow

# 19. SQUID

*ADVANCED MULTIPLICATION*

| | | | | | | | | | | | | | | | | | |
|---|---|---|---|---|---|---|---|---|---|---|---|---|---|---|---|---|---|
| 5x20 | 9x10 | 22x4 | 20x5 | 10x10 | 9x10 | 30x3 | 10x9 | 25x2 | 15x6 | 4x25 | 20x5 | 44x2 | 2x47 | 10x10 | 2x49 | 2x28 | 30x3 |
| 6x15 | | 2x47 | 12x6 | 25x3 | 2x39 | 11x7 | 3x25 | 39x2 | 20x4 | 25x3 | 39x2 | 32x2 | 2x32 | 15x5 | 6x15 | 10x10 | 5x20 |
| 15x6 | 9x10 | 10x9 | 25x3 | 2x39 | 5x15 | 4x20 | 10x6 | 28x2 | 11x5 | 4x11 | 7x11 | 2x39 | 25x3 | 39x2 | 44x2 | 2x47 | 10x10 |
| | 44x2 | 9x10 | 12x6 | 2x32 | 10x6 | 2x30 | 10x6 | 2x47 | 4x15 | 2x23 | 3x15 | 5x15 | 4x17 | 20x4 | 20x5 | 9x10 | 3x30 |
| 25x2 | 10x10 | 6x15 | 7x11 | 25x3 | 2x28 | 15x4 | 6x15 | 10x9 | 2x44 | 2x28 | 2x22 | 2x21 | 39x2 | 3x25 | 41x2 | 4x22 | 12x5 |
| 20x5 | | 15x6 | 39x2 | 3x15 | 11x5 | 6x10 | 30x3 | 9x10 | 5x11 | 10x6 | 11x4 | 5x10 | 4x20 | 25x3 | 10x10 | 9x10 | 30x3 |
| 41x2 | 2x49 | 9x10 | 20x4 | 2x22 | 25x2 | 15x6 | 5x20 | 6x15 | 15x4 | 2x28 | 2x25 | 2x22 | 3x25 | 7x11 | 2x49 | 44x2 | 3x30 |
| | 6x15 | 4x22 | 3x25 | 11x4 | 2x15 | | 10x10 | 10x6 | 28x2 | 11x5 | | 9x4 | 12x4 | 25x3 | 6x15 | 4x11 | 5x20 |
| 2x47 | 30x3 | 9x10 | 25x3 | 2x25 | | 30x3 | 2x28 | 26x2 | 4x15 | | | 2x25 | 2x39 | 44x2 | 2x47 | 10x10 |
| 10x9 | | 20x5 | 7x11 | 10x6 | 28x2 | 11x5 | 44x2 | 11x5 | 2x30 | 10x6 | 28x2 | 11x5 | 10x5 | 2x32 | 6x15 | 10x9 | 30x3 |
| 9x10 | 30x3 | 41x2 | 4x17 | 20x4 | 4x11 | 3x15 | 10x6 | 22x2 | 5x11 | 12x5 | 2x28 | 6x10 | 15x3 | 25x3 | 10x10 | 9x10 | 44x2 |
| | 44x2 | 10x10 | 39x2 | 3x25 | 2x21 | 2x22 | 2x28 | 15x3 | 15x4 | 2x28 | 11x5 | 20x5 | 2x30 | 32x2 | 20x5 | 6x15 | 10x6 |
| 2x49 | 20x5 | 2x49 | 2x32 | 25x3 | 5x10 | 11x4 | 11x5 | 4x11 | 6x10 | 5x11 | 25x2 | 15x6 | 15x4 | 25x3 | 25x2 | 15x6 | 41x2 |
| 6x15 | | 6x15 | 25x3 | 2x39 | 2x22 | 2x25 | 4x15 | 4x12 | 10x6 | 2x30 | 49x2 | 28x2 | 11x7 | 4x17 | 20x5 | 9x10 | 10x10 |
| 30x3 | 25x2 | 30x3 | 4x17 | 2x32 | 10x6 | 28x2 | 11x5 | 11x4 | 2x28 | 2x44 | 4x15 | 7x11 | 3x25 | 39x2 | 41x2 | 2x25 | 2x49 |
| | 20x5 | 5x20 | 39x2 | 25x3 | 11x7 | 2x30 | 3x25 | 28x2 | 11x5 | 4x17 | 20x4 | 7x11 | 2x39 | 4x20 | 10x10 | 9x10 | 6x15 |
| 30x3 | 41x2 | 2x32 | 6x12 | 5x15 | 4x20 | 39x2 | 4x17 | 20x4 | 7x11 | 2x39 | 25x3 | 39x2 | 20x4 | 12x6 | 25x3 | 6x15 | 30x3 |
| 44x2 | | 4x17 | 2x32 | 4x22 | 12x6 | 2x32 | 2x49 | 25x3 | 2x39 | 10x10 | 4x17 | 20x4 | 2x47 | 25x3 | 2x39 | 44x2 | 5x20 |
| 20x5 | 2x47 | 39x2 | 25x3 | 9x10 | 25x3 | 25x3 | 6x15 | 12x6 | 2x32 | 3x30 | 39x2 | 3x25 | 10x9 | 12x6 | 2x32 | 20x5 | 10x10 |
| | 10x9 | 6x12 | 5x15 | 6x15 | 12x6 | 4x17 | 44x2 | 7x11 | 25x3 | 6x15 | 4x20 | 25x3 | 9x10 | 7x11 | 25x3 | 41x2 | 11x4 |
| | 9x10 | 2x32 | 25x3 | 44x2 | 7x11 | 39x2 | 6x15 | 4x20 | 39x2 | 30x3 | 3x25 | 7x11 | 6x15 | 4x17 | 20x4 | 10x10 | 44x2 |

blank squares are white

**Key:**

- 81-100 light blue
- 61-80 dark blue
- 41-60 blue
- 0-40 black

## 20. SPIDER

*ADVANCED MULTIPLICATION*

| | | | | | | | | | | | | | | | | | |
|---|---|---|---|---|---|---|---|---|---|---|---|---|---|---|---|---|---|
| 5x20 | 10x10 | 4x22 | 10x9 | 6x15 | 32x2 | 7x11 | | 25x3 | 5x15 | | 2x39 | 20x4 | 9x10 | 30x3 | 20x5 | 49x2 | 22x4 |
| 30x3 | 2x45 | 20x5 | 49x2 | 41x2 | 11x7 | 4x20 | | 16x5 | 2x32 | | | 3x25 | 42x2 | 8x5 | 6x15 | 10x9 | 10x10 |
| 10x9 | 22x4 | 4x10 | 10x10 | 3x30 | | 25x3 | 39x2 | 32x2 | 15x5 | 11x7 | 5x15 | 4x20 | 20x5 | 4x22 | 2x44 | 15x6 | 5x8 |
| 2x48 | 20x5 | 6x15 | 9x10 | 47x2 | | 4x17 | 20x4 | 7x11 | | 25x3 | 32x2 | 44x2 | 2x47 | 10x10 | 4x25 | 9x10 | |
| 10x4 | 42x2 | 10x9 | 15x6 | 20x5 | 12x6 | 2x11 | 2x32 | 6x12 | 5x15 | 4x20 | 5x4 | 4x17 | 3x30 | 10x9 | 25x4 | 2x20 | 2x49 |
| 5x20 | 2x49 | 10x10 | 25x2 | 20x4 | 25x3 | 7x11 | 3x5 | 32x2 | 10x8 | 2x15 | 2x32 | 39x2 | 3x25 | 4x11 | 4x22 | 20x5 | 6x15 |
| 4x20 | 22x2 | 32x2 | 11x4 | 11x7 | 15x2 | 3x25 | 4x20 | 12x6 | 15x5 | 20x4 | 7x11 | 11x2 | 15x5 | 10x5 | 25x3 | 22x2 | 20x4 |
| 3x25 | 4x11 | 7x11 | 3x15 | 6x12 | 2x9 | 2x32 | 3x10 | 7x2 | 5x5 | 2x8 | 32x2 | 3x6 | 8x10 | 2x25 | 17x4 | 3x15 | 5x15 |
| 2x32 | 2x25 | 20x4 | 4x22 | 10x9 | 4x17 | 12x6 | 2x10 | 4x12 | 4x4 | 3x15 | 17x4 | 4x20 | 49x2 | 10x9 | 2x32 | 4x11 | 39x2 |
| 9x10 | 6x15 | 20x5 | 4x12 | 12x6 | 25x3 | 2x39 | 11x7 | 32x2 | 39x2 | 20x4 | 11x7 | 3x25 | 7x11 | 2x22 | 6x15 | 5x20 | 10x10 |
| 32x2 | 12x4 | 3x25 | 22x2 | 16x5 | 7x11 | | 4x12 | 4x20 | 12x6 | 22x2 | | 12x6 | 32x2 | 15x3 | 3x25 | 5x10 | 20x4 |
| 25x3 | 5x10 | 5x15 | 10x10 | 43x2 | 32x2 | | 10x5 | 39x2 | 5x15 | 11x4 | | 25x3 | 2x49 | 10x10 | 16x5 | 25x2 | 25x3 |
| 22x4 | 5x20 | 9x10 | 12x4 | 4x20 | 3x15 | | 25x2 | 17x4 | 2x32 | 15x3 | | 2x25 | 2x39 | 4x11 | 20x5 | 15x6 | 9x10 |
| 15x5 | 22x2 | 17x4 | 2x25 | 39x2 | 4x11 | 2x32 | 2x39 | 9x10 | 22x4 | 15x5 | 20x4 | 10x5 | 7x11 | 2x20 | 5x15 | 3x15 | 32x2 |
| 20x4 | 15x3 | 32x2 | 10x5 | 15x5 | 2x22 | 3x25 | 6x15 | 10x9 | 30x3 | 10x9 | 25x3 | 2x20 | 2x32 | 10x5 | 4x20 | 2x22 | 17x4 |
| 25x3 | 4x11 | 4x20 | 20x5 | 9x10 | 3x30 | 5x20 | 10x10 | 10x9 | 15x6 | 5x7 | 2x49 | 44x2 | 30x3 | 4x22 | 39x2 | 11x4 | 3x25 |
| 5x15 | 10x9 | 4x25 | 41x2 | 4x22 | 6x15 | 7x5 | 20x5 | 6x15 | 10x9 | 4x22 | 6x15 | 10x10 | 5x20 | 2x44 | 25x2 | 30x3 | 11x7 |
| 9x10 | 22x4 | 20x5 | 10x10 | 9x10 | 30x3 | 10x9 | 25x2 | 15x6 | 4x25 | 20x5 | 44x2 | 2x47 | 10x10 | 4x25 | 9x10 | 8x5 | 2x49 |
| 20x2 | 4x10 | 5x11 | 10x6 | 2x30 | 4x15 | 29x2 | 6x10 | 2x28 | 5x12 | 26x2 | 18x2 | 5x11 | 26x2 | 4x15 | 10x6 | 5x12 | 11x5 |
| 11x5 | 5x12 | 15x4 | 2x28 | 8x5 | 20x2 | 5x11 | 10x4 | 26x2 | 4x15 | 29x2 | 10x6 | 2x26 | 2x30 | 28x2 | 5x7 | 18x2 | 6x10 |
| 4x15 | 19x2 | 28x2 | 11x5 | 2x26 | 5x12 | 10x6 | 30x2 | 15x4 | 5x8 | 3x11 | 2x28 | 12x5 | 2x18 | 6x10 | 4x15 | 5x11 | 12x5 |

blank squares are white

**Key:**

| | | | | | | | |
|---|---|---|---|---|---|---|---|
| **81-100** | light green | **61-80** | grey | **51-60** | brown | **41-50** | black |
| **31-40** | dark green | **21-30** | light red | **0-20** | dark red | | |

# 21. OCELOT

## ADVANCED MULTIPLICATION

| 22x4 | 9x10 | 15x6 | 20x5 | 9x10 | 3x30 | 5x20 | 44x2 | 2x47 | 10x10 | 4x25 | 9x10 | 12x4 | 2x44 | 2x49 | 15x3 | 3x30 | 25x2 |
|---|---|---|---|---|---|---|---|---|---|---|---|---|---|---|---|---|---|
| 30x3 | 10x10 | 4x25 | | | 3x30 | 10x9 | 25x4 | 44x2 | 2x49 | 30x3 | 4x11 | 3x15 | 12x4 | 22x2 | 9x10 | | |
| 15x6 | 10x9 | | | | | | 9x10 | 11x4 | 10x5 | 4x11 | 2x21 | 2x22 | 2x25 | 15x3 | 4x22 | | |
| 10x9 | | | | | | | | 10x9 | 6x15 | 10x9 | 5x10 | 11x4 | 10x5 | 4x11 | 12x4 | | |
| 4x25 | 20x5 | 49x2 | | | 4x25 | 5x20 | 10x10 | 49x2 | 41x2 | 15x6 | 2x22 | 2x25 | 15x3 | 4x12 | 30x3 | | |
| 30x3 | 6x15 | 10x9 | 2x48 | 20x5 | 6x15 | 9x10 | 47x2 | 30x3 | 2x45 | 10x10 | 3x30 | 4x11 | 20x5 | 25x2 | 20x5 | 6x15 | 3x15 |
| 10x9 | 2x44 | 15x6 | 20x5 | 42x2 | 10x9 | 15x6 | 20x5 | 10x9 | 22x4 | 48x2 | 12x4 | 2x49 | 25x2 | 10x5 | 42x2 | 10x9 | 5x20 |
| 2x48 | 4x20 | 2x48 | 7x11 | 47x2 | 20x5 | 9x10 | 3x30 | 5x20 | 10x10 | 10x9 | 15x6 | 44x2 | 2x49 | 15x3 | 30x3 | 4x22 | 2x49 |
| 2x32 | 15x2 | 3x25 | 11x2 | 6x12 | 41x2 | 4x22 | 6x15 | 30x3 | 20x5 | 6x15 | 10x9 | 4x22 | 6x15 | 10x10 | 5x20 | 2x44 | 6x15 |
| 4x4 | 3x3 | 4x17 | 5x2 | 10x2 | 10x10 | 9x10 | 30x3 | 10x9 | 25x2 | 15x6 | 4x25 | 20x5 | 44x2 | 2x47 | 10x10 | 4x25 | 44x2 |
| 39x2 | 3x4 | 2x2 | 3x6 | 12x6 | 25x3 | 2x39 | 11x7 | 3x25 | 39x2 | 20x4 | 25x3 | 39x2 | 32x2 | 2x32 | 2x11 | 4x20 | 3x25 |
| 3x15 | 5x3 | 2x9 | 4x4 | 12x4 | 12x6 | 2x32 | 6x5 | 6x12 | 2x32 | 2x15 | 4x17 | 20x4 | 7x11 | 12x6 | 5x11 | 10x6 | 6x12 |
| 5x11 | 15x4 | 20x4 | 11x7 | 3x25 | 7x11 | 25x3 | 39x2 | 32x2 | 12x6 | 2x32 | 39x2 | 3x25 | 10x3 | 2x39 | 15x4 | 2x28 | 3x11 |
| 4x10 | 2x28 | 2x32 | 39x2 | 3x25 | 5x5 | 4x17 | 20x4 | 7x11 | 2x39 | 5x6 | 4x20 | 25x3 | 39x2 | 32x2 | 28x2 | 11x5 | 10x6 |
| 10x6 | 5x12 | 2x28 | 2x32 | 6x12 | 5x15 | 4x20 | 39x2 | 2x11 | 20x4 | 11x7 | 3x25 | 7x11 | 20x4 | 25x3 | 26x2 | 4x15 | 2x28 |
| 28x2 | 11x5 | 2x26 | 5x12 | 12x2 | 2x32 | 5x5 | 5x11 | 7x5 | 5x12 | 2x28 | 15x4 | 3x25 | 39x2 | 3x10 | 2x30 | 28x2 | 11x5 |
| 10x6 | 5x7 | 18x2 | 28x2 | 3x25 | 12x6 | 15x2 | 5x12 | 10x6 | 30x2 | 15x4 | 2x28 | 6x12 | 2x15 | 11x2 | 5x11 | 12x5 | 5x7 |
| 2x28 | 10x6 | 30x2 | 15x4 | 6x12 | 2x39 | 10x3 | 6x10 | 2x28 | 5x12 | 5x7 | 18x2 | 12x6 | 2x32 | 5x5 | 15x4 | 2x28 | 10x6 |
| 11x5 | 10x6 | 5x12 | 2x28 | 3x10 | 2x12 | 28x2 | 11x5 | 2x26 | 28x2 | 5x12 | 2x28 | 12x2 | 2x14 | 15x4 | 6x10 | 11x5 | 2x28 |
| 5x12 | 2x28 | 2x18 | 26x2 | 4x15 | 10x6 | 5x12 | 2x28 | 8x5 | 20x2 | 2x18 | 5x12 | 10x6 | 30x2 | 2x28 | 7x5 | 11x3 | 11x5 |
| 26x2 | 4x15 | 10x6 | 5x12 | 11x5 | 10x4 | 5x11 | 10x6 | 2x30 | 4x15 | 29x2 | 6x10 | 2x28 | 5x12 | 26x2 | 10x6 | 5x12 | 2x28 |

blank squares are white

**Key:**

| 81-100 | light blue | 61-80 | light brown | 51-60 | dark grey | 41-50 | yellow |
| 31-40 | red | 21-30 | dark brown | 11-20 | light grey | 6-10 | green | 0-5 | black |

# 22. WOLF

*BASIC DIVISION*

| 12:4 | 30:10 | 10:2 | 5:1 | 20:4 | 50:10 | 35:7 | 30:6 | 18:6 | 24:8 | 50:10 | 40:8 | 35:7 | 20:4 | 5:1 | 9:3 | 40:8 | 15:3 |
|---|---|---|---|---|---|---|---|---|---|---|---|---|---|---|---|---|---|
| 30:6 | 40:8 | 15:3 | 27:9 | 5:1 | 35:7 | 50:10 | 40:8 | 35:7 | 30:6 | 3:1 | 10:2 | 5:1 | 15:3 | 50:10 | 40:8 | 35:7 | 30:6 |
| 40:10 | 12:3 | 35:7 | 30:6 | 40:8 | 24:6 | 12:3 | 5:1 | 40:8 | 15:3 | 10:2 | 30:10 | 18:6 | 35:7 | 30:6 | 15:5 | 50:10 | 10:2 |
| 16:4 | 32:8 | 20:4 | 7:1 | 42:6 | 8:2 | 28:7 | 49:7 | 30:6 | 21:7 | 50:10 | 35:7 | 30:6 | 40:8 | 15:3 | 10:2 | 5:1 | 20:4 |
| 7:1 | 42:6 | 28:4 | 35:5 | 14:2 | 21:3 | 49:7 | 7:1 | 35:5 | 14:2 | 21:3 | 49:7 | 7:1 | 42:6 | 28:4 | 35:5 | 14:2 | 7:1 |
| 21:3 | 49:7 | 14:2 | 42:6 | 28:4 | 7:1 | 42:6 | 28:4 | 42:6 | 28:4 | 49:7 | 7:1 | 35:5 | 14:2 | 21:3 | 28:4 | 14:2 | 35:5 |
|  | 3:3 | 28:7 | 12:3 | 8:2 | 8:8 |  | 42:6 | 28:4 | 14:2 | 35:5 | 14:2 | 7:1 | 49:7 | 7:1 | 15:3 | 50:10 | 40:8 |
| 42:6 | 20:5 |  | 10:10 |  | 16:4 | 35:5 | 28:4 | 49:7 | 7:1 | 35:5 | 14:2 | 21:3 | 28:4 | 14:2 | 30:6 | 5:1 | 35:7 |
| 14:2 | 24:6 |  |  | 20:5 | 42:6 | 21:3 | 7:1 | 49:7 | 42:6 | 28:4 | 35:5 | 14:2 | 7:1 | 10:2 | 21:7 | 50:10 |  |
| 49:7 | 12:3 | 4:4 | 9:9 | 1:1 | 40:10 | 28:4 | 35:5 | 14:2 | 7:1 | 49:7 | 7:1 | 42:6 | 28:4 | 49:7 | 35:7 | 30:6 | 5:1 |
| 35:7 | 30:6 | 40:8 | 35:5 | 14:2 | 7:1 | 49:7 | 14:2 | 21:3 | 49:7 | 7:1 | 42:6 | 28:4 | 42:6 | 28:4 | 12:4 | 18:6 | 30:6 |
| 30:6 | 21:7 | 10:2 | 5:1 | 35:5 | 14:2 | 4:1 | 12:3 | 35:7 | 9:3 | 3:1 | 30:6 | 21:3 | 49:7 | 20:5 | 40:8 | 15:3 | 10:2 |
| 18:3 | 30:5 | 12:2 | 48:8 | 42:6 | 28:4 | 20:5 | 16:4 | 18:3 | 30:5 | 12:2 | 2:1 | 49:7 | 7:1 | 24:6 | 12:2 | 36:6 | 42:7 |
| 12:2 | 6:1 | 30:5 | 12:2 | 28:4 | 14:2 | 24:6 | 12:3 | 48:8 | 24:4 | 14:7 |  | 35:5 | 14:2 | 12:3 | 42:7 | 24:4 | 6:1 |
| 30:5 | 42:7 | 48:8 | 6:1 | 49:7 | 7:1 | 8:2 | 28:7 | 42:7 | 6:1 | 30:5 | 6:3 | 35:5 | 14:2 | 28:7 | 36:6 | 48:8 | 42.7 |
| 6:1 | 16:8 | 42:7 | 12:2 | 7:1 | 49:7 | 32:8 | 40:10 | 30:5 | 42:7 | 24:4 | 6:1 | 42:6 | 28:4 | 40:10 | 30:5 | 18:3 | 36:6 |
| 12:6 |  | 4:2 | 48:8 | 14:2 | 7:1 | 16:4 | 20:5 | 42:7 | 6:1 | 48:8 | 12:2 | 7:1 | 49:7 | 16:4 | 36:6 | 42:7 | 12:2 |
| 30:5 | 6:3 | 6:1 | 42:7 | 28:7 | 12:3 | 24:4 | 6:1 | 42:7 | 24:4 | 6:1 | 30:5 | 24:6 | 20:5 | 12:2 | 18:3 | 48:8 | 30:5 |
| 48:8 | 12:2 | 18:3 | 30:5 | 12:2 | 36:6 | 42:7 | 24:4 | 6:1 | 42:7 | 24:4 | 12:6 | 42:7 | 48:8 | 30:5 | 12:2 | 36:6 | 6:1 |
| 42:7 | 24:4 | 6:1 | 12:2 | 36:6 | 42:7 | 24:4 | 18:3 | 30:5 | 12:2 | 20:10 |  | 18:9 | 12:2 | 36:6 | 42:7 | 30:5 | 24:4 |
| 18:3 | 30:5 | 12:2 | 36:6 | 42:7 | 24:4 | 6:1 | 48:8 | 42:7 | 24:4 | 6:1 | 2:1 | 30:5 | 36:6 | 48:8 | 12:2 | 36:6 | 42:7 |

blank squares are white

**Key:**

| 7 | light grey | 6 | green | 5 | light brown | 4 | dark grey |
| 3 | dark brown | 2 | yellow | 1 | black | | |

## 23. CHICKEN — BASIC DIVISION

| | | | | | | | | | | | | | | | | |
|---|---|---|---|---|---|---|---|---|---|---|---|---|---|---|---|---|
| 9:3 | 3:1 | 30:10 | 18:6 | 12:4 | 50:10 | 10:2 | 35:7 | 30:6 | 40:8 | 5:1 | 20:4 | 5:1 | 15:5 | 6:2 | 24:8 | 3:1 | 30:10 |
| 21:7 | 27:9 | 15:5 | 6:2 | 24:8 | 5:1 | 20:4 | 40:8 | 15:3 | 35:7 | 50:10 | 15:3 | 50:10 | 30:10 | 18:6 | 21:7 | 27:9 | 15:5 |
| 6:2 | 24:8 | 3:1 | 30:10 | 18:6 | | 3:3 | 35:7 | 10:2 | 50:10 | 30:6 | 8:8 | | 3:1 | 30:10 | 18:6 | 6:2 | 24:8 |
| 24:4 | 6:1 | 42:7 | 3:1 | 30:10 | | 10:10 | 5:1 | 20:4 | 5:1 | 15:3 | 6:6 | | 48:8 | 12:4 | 30:5 | 18:3 | 36:6 |
| 42:7 | 24:4 | 6:1 | 27:9 | 15:5 | 16:4 | 8:2 | 28:7 | 4:1 | 12:3 | 8:2 | 28:7 | 20:5 | 6:1 | 24:8 | 36:6 | 42:7 | 12:2 |
| 24:4 | 18:3 | 30:5 | 24:8 | 3:1 | 20:5 | 21:3 | 49:7 | 20:5 | 16:4 | 35:5 | 14:2 | 40:10 | 12:2 | 18:6 | 18:3 | 48:8 | 30:5 |
| 18:6 | 35:5 | 27:9 | 15:5 | 12:4 | 40:10 | 4:1 | 12:3 | 24:6 | 12:3 | 4:1 | 8:2 | 28:7 | 27:9 | 30:10 | 18:6 | 35:5 | 12:4 |
| 30:10 | 7:1 | 24:8 | 3:1 | 24:8 | 12:3 | 20:5 | 16:4 | 8:2 | 28:7 | 20:5 | 40:10 | 4:1 | 24:8 | 15:5 | 30:10 | 7:1 | 24:8 |
| 48:8 | 21:3 | 18:3 | 30:5 | 14:2 | 40:8 | 15:3 | 10:5 | 4:2 | 2:1 | 16:8 | 20:4 | 5:1 | 28:4 | 36:6 | 6:1 | 21:3 | 48:8 |
| 42:7 | 24:4 | 6:1 | 12:2 | 35:5 | 35:7 | 30:6 | 12:6 | 14:7 | 20:10 | 19:8 | 15:3 | 50:10 | 21:3 | 30:5 | 24:4 | 30:5 | 12:2 |
| 6:1 | 48:8 | 12:2 | 30:6 | 42:6 | 50:10 | 10:2 | 2:1 | 8:4 | 4:2 | 20:10 | 35:7 | 30:6 | 7:1 | 50:10 | 12:2 | 48:8 | 6:1 |
| 24:4 | 6:1 | 35:7 | 15:3 | 28:4 | 5:1 | 20:4 | 15:3 | 35:7 | 50:10 | 20:4 | 40:8 | 15:3 | 14:2 | 30:6 | 10:2 | 42:7 | 12:2 |
| 18:3 | 50:10 | 5:1 | 48:8 | 21:3 | 49:7 | 7:1 | 42:6 | 35:5 | 14:2 | 42:6 | 28:4 | 21:3 | 28:4 | 12:2 | 20:4 | 30:6 | 6:1 |
| 48:8 | 30:6 | 30:5 | 12:2 | 49:7 | 7:1 | 35:5 | 28:4 | 42:6 | 28:4 | 14:2 | 21:3 | 35:5 | 14:2 | 24:4 | 6:1 | 15:3 | 42:7 |
| 42:7 | 10:2 | 48:8 | 6:1 | 35:5 | 14:2 | 7:1 | 42:6 | 28:4 | 14:2 | 49:7 | 7:1 | 14:2 | 28:4 | 48:8 | 42:7 | 35:7 | 6:1 |
| 30:5 | 20:4 | 42:7 | 12:2 | 28:4 | 42:6 | 21:3 | 28:4 | 49:7 | 7:1 | 28:4 | 14:2 | 21:3 | 42:6 | 42:7 | 24:4 | 5:1 | 24:4 |
| 42:7 | 6:1 | 30:5 | 32:8 | 42:6 | 28:4 | 35:5 | 14:2 | 7:1 | 42:6 | 14:2 | 7:1 | 28:4 | 49:7 | 6:1 | 48:8 | 12:2 | 42:7 |
| 24:6 | 24:4 | 48:8 | 18:3 | 30:5 | 40:10 | 12:3 | 6:1 | 30:5 | 18:3 | 36:6 | 24:6 | 12:3 | 48:8 | 24:4 | 6:1 | 28:7 | 12:2 |
| 6:1 | 42:7 | 4:1 | 6:1 | 12:2 | 16:4 | 32:8 | 24:4 | 28:7 | 42:7 | 12:2 | 8:2 | 28:7 | 36:6 | 24:6 | 12:2 | 42:7 | 24:4 |
| 30:5 | 12:2 | 30:5 | 12:2 | 36:6 | 24:6 | 12:3 | 12:2 | 18:3 | 48:8 | 30:5 | 40:10 | 4:1 | 18:3 | 48:8 | 30:5 | 6:1 | 40:10 |
| 12:3 | 24:4 | 48:8 | 4:1 | 12:3 | 8:2 | 28:7 | 20:5 | 24:4 | 6:1 | 16:4 | 8:2 | 28:7 | 20:5 | 40:10 | 6:1 | 32:8 | 36:6 |

blank squares are white

**Key:**

| 7 | dark grey | 6 | green | 5 | light grey | 4 | orange |
| 3 | blue | 2 | red | 1 | black | | |

# 24. SHEEP

*BASIC DIVISION*

| | | | | | | | | | | | | | | | | |
|---|---|---|---|---|---|---|---|---|---|---|---|---|---|---|---|---|
| 18:6 | 21:7 | 27:9 | 15:5 | 30:10 | 18:6 | 6:2 | 24:8 | 18:6 | 21:7 | 27:9 | 15:5 | 30:10 | 18:6 | 6:2 | 24:8 | 30:10 | 18:6 |
| 27:9 | 15:5 | 30:10 | 36:6 | 24:4 | 48:8 | 18:3 | 30:5 | 6:1 | 30:5 | 18:3 | 36:6 | 42:7 | 24:4 | 36:6 | 18:6 | 6:2 | 24:8 |
| 15:3 | 6:2 | 24:8 | 6:1 | 42:7 | 30:5 | 6:1 | 12:2 | 24:4 | 36:6 | 42:7 | 12:2 | 6:1 | 48:8 | 12:2 | 21:7 | 40:8 | 30:10 |
| 30:6 | 40:8 | 5:1 | 12:2 | 40:10 | 4:1 | 12:3 | 24:6 | 12:3 | 8:2 | 28:7 | 12:3 | 20:5 | 16:4 | 24:4 | 10:2 | 50:10 | 30:6 |
| 15:3 | 35:7 | 50:10 | 30:5 | 24:6 | 12:3 | 4:1 | 8:2 | 28:7 | 24:6 | 12:3 | 4:1 | 8:2 | 28:7 | 18:3 | 20:4 | 5:1 | 15:3 |
| 40:8 | 49:7 | 7:1 | 6:1 | 3:3 | 1:1 | | 8:2 | 28:7 | | | 4:4 | 2:2 | 6:1 | 21:3 | 35:5 | 20:4 |
| 35:7 | 7:1 | 35:5 | 24:4 | 8:8 | 10:10 | | 40:10 | 4:1 | | | 7:7 | 9:9 | 12:2 | 7:1 | 14:2 | 50:10 |
| 50:10 | 14:2 | 7:1 | 18:3 | 24:6 | 12:3 | 40:10 | 4:1 | 12:3 | 24:6 | 12:3 | 4:1 | 8:2 | 28:7 | 30:5 | 14:2 | 21:3 | 30:6 |
| 5:1 | 42:6 | 21:3 | 12:2 | 8:2 | 28:7 | 12:3 | 20:5 | 16:4 | 8:2 | 28:7 | 20:5 | 40:10 | 4:1 | 6:1 | 7:1 | 28:4 | 15:3 |
| 15:3 | 28:4 | 21:3 | 30:5 | 18:3 | 36:6 | 28:7 | 30:10 | 21:7 | 6:2 | 15:5 | 40:10 | 24:4 | 6:1 | 42:7 | 14:2 | 42:6 | 50:10 |
| 30:6 | 21:3 | 35:5 | 36:6 | 42:7 | 12:2 | 4:1 | 18:6 | 18:6 | 27:9 | 24:8 | 12:3 | 42:7 | 24:4 | 6:1 | 28:4 | 14:2 | 5:1 |
| 10:2 | 7:1 | 14:2 | 18:3 | 48:8 | 30:5 | 24:6 | 8:4 | 16:8 | 4:2 | 6:3 | 16:4 | 24:4 | 18:3 | 30:5 | 14:2 | 49:7 | 40:8 |
| 20:4 | 14:2 | 21:3 | 42:7 | 24:4 | 6:1 | 16:4 | 8:2 | 28:7 | 20:5 | 40:10 | 4:1 | 24:4 | 30:5 | 12:2 | 7:1 | 35:5 | 35:7 |
| 50:10 | 7:1 | 28:4 | 6:1 | 48:8 | 12:2 | 24.4 | 48:8 | 12:2 | 42:7 | 30:5 | 6:1 | 18:3 | 48:8 | 6:1 | 14:2 | 7:1 | 10:2 |
| 30:6 | 42:6 | 7:1 | 28:4 | 14:2 | 49:7 | 7:1 | 14:2 | 42:6 | 28:4 | 21:3 | 28:4 | 28:4 | 42:6 | 21:3 | 28:4 | 49:7 | 20:4 |
| 15:3 | 21:3 | 28:4 | 49:7 | 7:1 | 28:4 | 14:2 | 21:3 | 14:2 | 21:3 | 35:5 | 14:2 | 42:6 | 28:4 | 35:5 | 14:2 | 7:1 | 5:1 |
| 50:10 | 10:2 | 30:5 | 48:8 | 12:2 | 42:7 | 24:4 | 6:1 | 20:4 | 5:1 | 48:8 | 24:4 | 30:5 | 36:6 | 42:7 | 12:2 | 10:2 | 50:10 |
| 5:1 | 20:4 | 6:1 | 36:6 | 42:7 | 12:2 | 30:5 | 24:4 | 15:3 | 50:10 | 24:4 | 18:3 | 6:1 | 18:3 | 48:8 | 30:5 | 20:4 | 30:6 |
| 40:8 | 5:1 | 24:4 | 18:3 | 48:8 | 30:5 | 24:4 | 18:3 | 35:7 | 30:6 | 48:8 | 12:2 | 24:4 | 42:7 | 30:5 | 6:1 | 5:1 | 40:8 |
| 35:7 | 50:10 | 30:6 | 12:3 | 20:5 | 16:4 | 4:1 | 20:4 | 40:8 | 15:3 | 35:7 | 8:2 | 28:7 | 20:5 | 40:10 | 10:2 | 15:3 | 50:10 |
| 10:2 | 30:6 | 40:8 | 2:2 | 9:9 | 8:8 | 5:5 | 10:2 | 5:1 | 20:4 | 40:8 | 3:3 | 7:7 | 10:10 | 6:6 | 20:4 | 35:7 | 30:6 |

blank squares are white

**Key:**

| | | | | | | | |
|---|---|---|---|---|---|---|---|
| **7** | dark grey | **6** | light grey | **5** | green | **4** | light brown |
| **3** | light pink | **2** | red | **1** | black | | |

27

# 25. PIG

*BASIC DIVISION*

| | | | | | | | | | | | | | | | | |
|---|---|---|---|---|---|---|---|---|---|---|---|---|---|---|---|---|
| 30:5 | 6:1 | 12:2 | 30:5 | 42:7 | 36:6 | 12:2 | 24:4 | 48:8 | 24:4 | 30:5 | 18:3 | 24:4 | 42:7 | 6:1 | 30:5 | 18:3 | 24:4 |
| 18:3 | 30:5 | 36:6 | 6:1 | 48:8 | 18:3 | 6:1 | 48:8 | 24:4 | 30:5 | 18:3 | 24:4 | 42:7 | 6:1 | 30:5 | 42:7 | 18:3 | 6:1 |
| 48:8 | 24:4 | 30:5 | 18:3 | 21:3 | 35:5 | 14:2 | 21:3 | 49:7 | 7:1 | 21:3 | 14:2 | 7:1 | 42:6 | 6:1 | | | |
| 6:1 | | | 7:1 | 14:2 | 28:4 | 21:3 | 7:1 | 35:5 | 35:5 | 42:6 | 21:3 | 28:4 | | | | | |
| 30:5 | 18:3 | | 14:2 | 7:1 | 42:6 | 35:5 | 14:2 | 7:1 | 14:2 | 21:3 | 35:5 | 14:2 | 18:3 | 24:4 | 42:7 | 6:1 | |
| 18:3 | 30:5 | 36:6 | 6:1 | 42:6 | 21:3 | 28:4 | 14:2 | 42:6 | 21:3 | 21:3 | 7:1 | 14:2 | 28:4 | 42:7 | 18:3 | 6:1 | 24:4 |
| 42:7 | 36:6 | 12:2 | 24:4 | 7:1 | 8:4 | | 21:3 | 49:7 | 35:5 | 35:5 | | 12:6 | 14:2 | 48:8 | 24:4 | 30:5 | 18:3 |
| 48:8 | 18:3 | 30:5 | 18:3 | 21:3 | 28:4 | 28:4 | 49:7 | 7:1 | 14:2 | 42:6 | 21:3 | 42:6 | 21:3 | 30:5 | 6:1 | 12:2 | 30:5 |
| 24:4 | 42:7 | 6:1 | 30:5 | 28:4 | 21:3 | 49:7 | 18:6 | 15:5 | 27:9 | 6:2 | 35:5 | 14:2 | 49:7 | 48:8 | 18:3 | 6:1 | 48:8 |
| 48:8 | 5:5 | 12:2 | 48:8 | 42:6 | 28:4 | 21:3 | 4:1 | 6:2 | 9:3 | 28:7 | 14:2 | 49:7 | 35:5 | 12:2 | 30:5 | 32:8 | 2:2 |
| 50:10 | 20:4 | 5:1 | 30:6 | 14:2 | 21:3 | 35:5 | 15:5 | 24:8 | 30:10 | 18:6 | 21:3 | 28:4 | 28:4 | 20:4 | 15:3 | 35:7 | 20:4 |
| 5:1 | 50:10 | 15:3 | 15:3 | 21:3 | 49:7 | 7:1 | 42:6 | 28:4 | 14:2 | 42:6 | 28:4 | 21:3 | 49:7 | 50:10 | 1:1 | 12:3 | 15:3 |
| 40:8 | 16:4 | 20:4 | 40:8 | 49:7 | 7:1 | 35:5 | 28:4 | 49:7 | 7:1 | 14:2 | 21:3 | 35:5 | 14:2 | 30:6 | 8:2 | 28:7 | 35:7 |
| 35:7 | 28:7 | 30:6 | 35:7 | 35:5 | 14:2 | 7:1 | 42:6 | 10:2 | 50:10 | 49:7 | 7:1 | 14:2 | 28:4 | 15:3 | 30:6 | 4:1 | 40:8 |
| 10:2 | 5:1 | 6:6 | 50:10 | 49:7 | 42:6 | 21:3 | 28:4 | 9:9 | 5:1 | 28:4 | 14:2 | 21:3 | 42:6 | 50:10 | 35:7 | 20:4 | 5:1 |
| 16:4 | 15:3 | 20:4 | 5:1 | 28:4 | 14:2 | 42:6 | 49:7 | 20:4 | 8:2 | 35:5 | 7:1 | 35:5 | 14:2 | 5:1 | 20:5 | 50:10 | 40:10 |
| 30:6 | 35:7 | 50:10 | 15:3 | 49:7 | 7:1 | 14:2 | 21:3 | 15:3 | 20:4 | 14:2 | 28:4 | 42:6 | 28:4 | 40:8 | 15:3 | 30:6 | 12:3 |
| 15:3 | 12:3 | 24:6 | 30:6 | 28:7 | 14:2 | 8:2 | 42:5 | 35:7 | 50:10 | 20:5 | 21:3 | 40:10 | 42:6 | 35:7 | 30:6 | 4:4 | 20:4 |
| 40:8 | 16:4 | 8:2 | 10:2 | 50:10 | 10:2 | 35:7 | 30:6 | 40:8 | 5:1 | 20:4 | 5:1 | 20:4 | 40:8 | 10:2 | 5:1 | 30:6 | 15:3 |
| 35:7 | 35:7 | 30:6 | 20:4 | 5:1 | 8:2 | 28:7 | 10:2 | 5:1 | 50:10 | 16:4 | 35:7 | 30:6 | 32:8 | 20:4 | 40:10 | 4:1 | 35:7 |
| 50:10 | 10:2 | 35:7 | 30:6 | 40:8 | 5:1 | 20:4 | 5:1 | 32:8 | 5:1 | 20:4 | 15:3 | 35:7 | 50:10 | 5:1 | 40:8 | 15:3 | 40:8 |

blank squares are white

**Key:**

| 7 | dark pink | 6 | light blue | 5 | dark brown | 4 | light brown |
| 3 | light pink | 2 | black | 1 | green | | |

# 26. HORSE                                                    *ADVANCED DIVISION*

| | | | | | | | | | | | | | | | | | |
|---|---|---|---|---|---|---|---|---|---|---|---|---|---|---|---|---|---|
| 10:2 | 18:3 | 20:4 | 15:3 | 2:1 | 6:1 | 12:2 | 25:5 | 40:8 | 50:10 | 15:3 | 5:1 | 75:15 | 100:20 | 18:3 | 20:4 | 50:10 | 5.1 |
| 36:6 | 20:5 | 80:20 | 18:3 | 5:1 | 75:15 | 100:20 | 28:7 | 24:6 | 90:15 | 18:3 | 20:4 | 15:3 | 25:5 | 40:8 | 10:5 | 90:15 | 48:24 |
| 75:15 | 8:2 | 16:4 | 12:2 | 24:6 | 40:10 | 18:3 | 32:8 | 35:9 | 36:6 | 25:5 | 40:8 | 32:32 | 18:3 | 20:4 | 15:3 | | 36:6 |
| 45:5 | 40:10 | 24:6 | 81:9 | 36:4 | 60:6 | 9:1 | 80:20 | 20:5 | 63:7 | 16:8 | 18:3 | 5:1 | 75:15 | 100:20 | 24:12 | 40:8 | 80:40 |
| 18:2 | 50:5 | 9:1 | 54:6 | 30:3 | 72:8 | 63:7 | 60:6 | 100:10 | 90:9 | 6:1 | 10:2 | 20:4 | 50:25 | 18:3 | 5:1 | 75:15 | 100:20 |
| 81:9 | 36:4 | 60:6 | 27:3 | 45:5 | 20:2 | 18:2 | 30:3 | 72:8 | 10:1 | 75:15 | 60:30 | 18:3 | 20:4 | 15:3 | 25:5 | 40:8 | 50:10 |
| 63:7 | | 4:1 | 60:6 | 9:3 | 9:1 | 81:9 | 24:6 | | 81:9 | 18:3 | 5:1 | 75:15 | 100:20 | 27:27 | 18:3 | 8:4 | 90:15 |
| 18:2 | | 24:6 | 72:8 | 20:2 | 12:4 | 54:6 | 20:5 | | 54:6 | 35:5 | 12:2 | 25:5 | 40:8 | 50:10 | | 25:5 | 40:8 |
| 81:9 | | 35:9 | 20:2 | 36:12 | 81:9 | 36:4 | 8:2 | | 27:3 | 8:1 | 100:20 | 18:3 | 20:4 | 18:9 | 75:15 | 1:1 | 100:20 |
| 54:6 | | 20:5 | 50:5 | 90:30 | 60:20 | 30:3 | 40:10 | | 60:6 | 56:8 | 63:7 | 5:1 | 75:15 | 12:3 | 18:3 | 20:4 | 15:3 |
| 36:4 | 30:3 | 72:8 | 36:4 | 45:15 | 60:6 | 45:5 | 50:5 | 9:1 | 72:8 | 49:7 | 7:1 | 72:9 | 42:6 | 21:3 | 24:3 | 40:5 | 28:4 |
| 5:1 | 45:5 | 20:2 | 9:1 | 72:8 | 75:25 | 50:5 | 36:4 | 60:6 | 35:5 | 28:4 | 64:8 | 49:7 | 70:10 | 8:1 | 35:5 | 56:8 | 63:7 |
| 20:4 | 18:2 | 50:5 | 60:6 | 15:5 | 63:7 | 36:4 | 100:10 | 90:9 | 49:7 | 70:10 | 8:1 | 35:5 | 63:7 | 50:5 | 42:6 | 21:3 | 24:3 |
| 40:8 | 81:9 | 36:4 | 100:10 | 60:6 | 18:2 | 9:1 | 72:8 | 10:1 | 70:10 | 8:1 | 45:5 | 20:2 | 18:2 | 36:4 | 9:1 | 60:6 | 21:3 |
| 18:3 | 20:4 | 63:7 | 72:8 | 33:11 | 81:9 | 60:6 | 50:5 | 21:3 | 24:3 | 54:6 | 30:3 | 72:8 | 63:7 | 9:1 | 45:5 | 20:2 | 18:2 |
| 10:2 | 18:3 | 18:2 | 90:9 | 54:6 | 54:6 | 100:10 | 36:4 | 42:6 | 21:3 | 24:3 | 18:2 | 30:3 | 72:8 | 60:6 | 81:9 | 36:4 | 9:1 |
| 75:15 | 75:15 | 81:9 | 10:1 | 36:4 | 60:6 | 72:8 | 9:1 | 7:1 | 72:9 | 42:6 | 21:3 | 36:4 | 60:6 | 100:10 | 63:7 | 8:1 | 35:5 |
| 6:3 | 25:5 | 54:6 | 16:4 | 30:3 | 72:8 | 35:9 | 60:6 | 24:3 | 40:5 | 28:4 | 42:6 | 21:3 | 7:1 | 72:9 | 49:7 | 70:10 | 8:1 |
| 100:20 | 18:3 | 72:8 | 24:6 | 45:5 | 20:2 | 20:5 | 100:10 | 21:3 | 7:1 | 72:9 | 70:10 | 8:1 | 35:5 | 70:10 | 8:1 | 35:5 | 24:3 |
| 50:10 | 30:15 | 50:5 | 100:10 | 36:4 | 9:1 | 63:7 | 72:8 | 72:9 | 42:6 | 21:3 | 42:6 | 21:3 | 24:3 | 40:5 | 28:4 | 21:3 | 8:1 |
| 90:15 | 5:1 | 12:2 | 25:5 | 40:8 | 42:6 | 21:3 | 7:1 | 24:3 | 49:7 | 70:10 | 8:1 | 21:3 | 7:1 | 72:9 | 42:6 | 49:7 | 24:3 |

blank squares are white

**Key:**

- **9,10** light brown
- **7,8** dark brown
- **5,6** green
- **4** black
- **3** light pink
- **1,2** yellow

# 27. RABBIT

*ADVANCED DIVISION*

| | | | | | | | | | | | | | | | | | |
|---|---|---|---|---|---|---|---|---|---|---|---|---|---|---|---|---|---|
| 90:15 | 18:3 | 20:4 | 15:3 | 25:5 | 42:6 | 18:3 | 5:1 | 75:15 | 100:20 | 28:4 | 6:1 | 12:2 | 25:5 | 40:8 | 50:10 | 15:3 | 5:1 |
| 40:8 | 45:15 | 25:5 | 40:8 | 70:10 | 36:12 | 24:3 | 90:15 | | 72:9 | 15:5 | 8:1 | | | 18:3 | | | |
| 15:5 | 12:4 | 36:12 | 90:15 | 8:1 | 90:30 | 21:3 | | | 21:3 | 33:11 | 72:9 | | | | | | 20:4 |
| 90:30 | | 33:11 | 60:20 | 24:3 | 45:15 | 8:1 | 18:3 | 20:4 | 7:1 | 36:12 | 8:1 | 25:5 | 40:8 | | | 75:15 | 100:20 |
| 36:12 | | 45.15 | 9:3 | 21:3 | 12:4 | 7:1 | 75:15 | 100:20 | 72:9 | 90:30 | 24:3 | 90:15 | 18:3 | 20:4 | 15:3 | 25:5 | 40:8 |
| 12:4 | 8:2 | 90:30 | 18:3 | 72:9 | 60:20 | 42:6 | 25:5 | 40:8 | 8:1 | 12:4 | 8:1 | 10:2 | 50:10 | 15:3 | 18:3 | 20:4 | 15:3 |
| 75:15 | 16:8 | 5:1 | 75:15 | 24:3 | 9:3 | 72:9 | 18:3 | 20:4 | 24:3 | 60:20 | 24:3 | 40:8 | 81:9 | 63:7 | 100:10 | 36:4 | 81:9 |
| 25:5 | 20:10 | 20:4 | 21:3 | 7:1 | 72:9 | 70:10 | 5:1 | 75:15 | 70:10 | 8:1 | 35:5 | 24:3 | 18:2 | 90:9 | 54:6 | 54:6 | 100:10 |
| 18:3 | 14:7 | 40:8 | 72:9 | 42:6 | 21:3 | 42:6 | 21:3 | 24:3 | 40:5 | 28:4 | 21:3 | 8:1 | 81:9 | 10:1 | 36:4 | 60:6 | 72:8 |
| 4:2 | 22:11 | 18:3 | | 1:1 | 7:1 | 72:9 | 42:6 | 21:3 | 24:3 | 40:5 | 35:35 | | 18:2 | 50:5 | 9:1 | 54:6 | 30:3 |
| 44:22 | 36:18 | 10:2 | | 18:18 | 64:8 | 49:7 | 70:10 | 8:1 | 35:5 | 56:8 | 7:7 | | 81:9 | 36:4 | 45:5 | 27:3 | 45:5 |
| 66:33 | 46:23 | 75:15 | | 49:49 | 8:1 | 35:5 | 21:3 | 7:1 | 72:9 | 70:10 | 22:22 | | 72:8 | 63:7 | 60:6 | 100:10 | 90:9 |
| 100:20 | 70:35 | 20:4 | 8:1 | 35:5 | 72:9 | 42:6 | 72:9 | 42:6 | 21:3 | 8:1 | 21:3 | 8:1 | 20:2 | 18:2 | 30:3 | 72:8 | 10:1 |
| 24:6 | 90:45 | 22:11 | 49:7 | 70:10 | 8:1 | 12:4 | 45:15 | 36:12 | 15:5 | 24:3 | 40:5 | 28:4 | 9:1 | 45:5 | 36:4 | 30:3 | 63:7 |
| 20:5 | 100:50 | 16:8 | 8:1 | 35:5 | 24:3 | 60:20 | 12:4 | 90:30 | 33:11 | 21:3 | 7:1 | 72:9 | 63:7 | 18:2 | 9:1 | 45:5 | 90:9 |
| 8:2 | 2:1 | 16:4 | 28:4 | 21:3 | 8:1 | 8:1 | | | 56:8 | 72:9 | 42:6 | 21:3 | 18:2 | 81:9 | 60:6 | 50:5 | 10:1 |
| 40:10 | 24:6 | 28:7 | 42:6 | 49:7 | 24:3 | 72:9 | 70:10 | 5:1 | 70:10 | 24:3 | 49:7 | 70:10 | 81:9 | 63:7 | 100:10 | 36:4 | 81:9 |
| 16:4 | 20:5 | 46.23 | 24.6 | 35:9 | 32:8 | 4:1 | 36:4 | 63:7 | 60:6 | 100:10 | 90:9 | 36:4 | 54:6 | 18:2 | 72:8 | 9:1 | 54:6 |
| 45:15 | 8:2 | 40:10 | 33:11 | 20:5 | 70:35 | 24:6 | 9:1 | 18:2 | 30:3 | 72:8 | 10:1 | 18:2 | 36:4 | 81:9 | 90:9 | 60:6 | 27:3 |
| 16:4 | 16:8 | 20:5 | 80:20 | 28:7 | 24:6 | 35:9 | 72:8 | 45:5 | 36:4 | 30:3 | 63:7 | 81:9 | 30:3 | 54:6 | 10:1 | 100:10 | 60:6 |
| 24:6 | 80:20 | 8:2 | 16:4 | 32:8 | 35:9 | 60:6 | 81:9 | 63:7 | 100:10 | 36:4 | 81:9 | 54:6 | 20:5 | 36:4 | 9:1 | 72:8 | 72:8 |

**blank squares are white**

**Key:**

| | |
|---|---|
| **9,10** | **dark brown** |
| **7,8** | **light brown** |
| **5,6** | **light blue** |
| **4** | **light green** |
| **3** | **light pink** |
| **2** | **dark green** |
| **1** | **black** |

# 28. ZOMBIE PIGMAN

*ADVANCED DIVISION*

| 90:9 | 9:1 | 45:5 | 90:9 | 30:3 | 72:8 | 36:12 | 9:3 | 25:5 | 40:8 | 12:2 | 12:2 | 63:7 | 100:10 | | 10:1 | 81:9 | 18:2 |
|---|---|---|---|---|---|---|---|---|---|---|---|---|---|---|---|---|---|
| 10:1 | | | 18:2 | 9:1 | 90:30 | 12.4 | 75:25 | 50:10 | 90:15 | 54:9 | 81:9 | 10:1 | 36:4 | 60:6 | 72:8 | 45:5 | |
| 45:5 | | | 81:9 | 60:6 | 45:15 | 60:20 | 15:5 | 15:3 | 24:4 | 72:12 | 18:2 | 50:5 | 9:1 | 54:6 | 30:3 | 18:2 | |
| 50:5 | | | 100:10 | 90:9 | 17:17 | 6:6 | 5:1 | 30:5 | | 23:23 | 60:6 | 81:9 | 63:7 | 100:10 | 36:4 | | |
| 36:4 | 63:7 | 60:6 | 100:10 | 90:9 | 36:4 | 75:25 | 90:30 | 75:15 | 24:4 | 12:2 | 100:20 | 54:6 | | 9:1 | 45:5 | 36:4 | 30:3 |
| 9:1 | 18:2 | 30:3 | 72:8 | 10:1 | 18:2 | 9:3 | 8:4 | 10:2 | 32:16 | 54:9 | 6:1 | 20:2 | 18:2 | 30:3 | 72:8 | 10:1 | 81:9 |
| 72:8 | | 18:2 | 9:1 | 45:5 | 90:9 | 12.4 | 36:12 | 33:11 | 20:4 | 72:12 | 30:6 | 9:1 | 45:5 | 36:4 | 30:3 | 63:7 | 18:2 |
| 30:3 | 63:7 | 81:9 | 60:6 | 50:5 | 10:1 | 60:20 | 45:15 | 35:7 | 45:9 | 55:11 | 60:12 | 63:7 | 18:2 | 9:1 | 45:5 | 90:9 | 60:6 |
| 45:5 | 27:3 | 45:5 | 60:10 | 18:3 | 6:1 | 42:7 | 50:10 | | 40:8 | 75:15 | 18:3 | 30:5 | 48:8 | 36:4 | 30:3 | 63:7 | |
| 60:6 | 100:10 | 90:9 | 90:15 | 24:4 | 18:3 | 5:1 | | | 78:13 | 10:2 | 60:10 | 24:4 | 18:3 | 63:7 | | 45:5 | |
| 30:3 | 72:8 | 10:1 | 36:6 | 30:5 | 48:8 | 75:15 | 60:12 | | | 30:5 | 6:1 | 90:15 | 42:7 | 60:6 | 50:5 | 10:1 | |
| 36:4 | 30:3 | 63:7 | 42:7 | 54:9 | 18:3 | 10:2 | | 45:9 | 5:1 | 24:4 | 12:2 | 30:5 | 48:8 | 100:10 | 36:4 | 81:9 | |
| 9:1 | 45:5 | 90:9 | 18:3 | 30:5 | 48:8 | 60:10 | 20:4 | | 66:11 | 12:2 | 75:15 | 54:9 | 18:3 | 24:4 | 72:8 | 9:1 | 54:6 |
| 35:5 | 21:3 | 7:1 | 24:4 | 35:7 | 54:9 | 42:7 | 40:8 | 12:2 | 55:11 | 90:15 | 10:2 | 72:12 | 100:20 | 6:1 | 70:10 | 5:1 | 75:15 |
| 75:15 | 70:10 | 8:1 | 48:8 | 24:4 | 66:11 | 10:2 | 50:10 | 54:9 | 75:15 | 24:4 | 60:12 | 42:7 | 54:9 | 60:10 | 42:6 | 21:3 | 24:3 |
| 24:3 | 40:5 | 28:4 | 18:3 | 42:7 | 72:12 | 54:9 | 15:3 | 72:12 | 10:2 | 54:9 | 5:1 | 24:4 | 66:11 | 90:15 | 72:9 | 42:6 | 21:3 |
| 21:3 | 24:3 | 40:5 | 12:2 | 45:9 | 5:1 | 20:4 | 30:5 | 60:12 | 54:9 | 60:10 | 75:15 | 45:9 | 55:11 | 48:8 | 49:7 | 70:10 | 8:1 |
| 8:1 | 35:5 | 56:8 | 90:15 | 54:9 | 60:10 | 45:9 | 24:4 | 75:15 | 78:13 | 42:7 | 10:2 | 42:7 | 24:4 | 78:13 | 35:5 | 21:3 | 7:1 |
| 7:1 | 72:9 | 70:10 | 24:4 | 78:13 | 42:7 | 28:7 | 24:6 | 20:5 | 80:20 | 4:1 | 24:6 | 54:9 | 66:11 | 18:3 | 42:6 | 72:9 | 42:6 |
| 42:6 | 21:3 | 8:1 | 35:5 | 21:3 | 7:1 | 32:8 | 35:9 | 8:2 | 16:4 | 24:6 | 20:5 | 24:3 | 40:5 | 28:4 | 70:10 | 8:1 | 75:15 |
| 49:7 | 70:10 | 42:6 | 72:9 | 42:6 | 8:1 | 80:20 | 20:5 | 40:10 | 24:6 | 35:9 | 8:2 | 21:3 | 8:1 | 35:5 | 40:5 | 28:4 | 24:3 |

blank squares are white

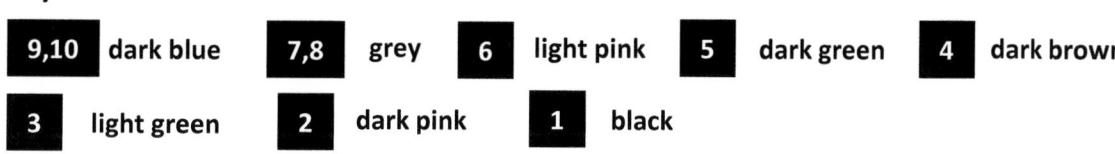

Key: 9,10 dark blue | 7,8 grey | 6 light pink | 5 dark green | 4 dark brown | 3 light green | 2 dark pink | 1 black

# 29. COW                                                                    MIXED

| | | | | | | | | | | | | | | | | |
|---|---|---|---|---|---|---|---|---|---|---|---|---|---|---|---|---|
| 2x30 | 93:3 | 5x7 | 5x11 | 80-25 | 2x30 | 34+21 | 29x2 | 69-18 | 2x28 | 23+33 | 26x2 | 62-7 | 5x11 | 5+55 | 60-26 | 93:3 | 6x10 |
| 30+30 | 20x2 | 2x18 | 27+27 | 10x6 | 30+30 | 4x15 | 50+1 | 10x6 | 80-20 | 5x12 | 11+44 | 2x30 | 43+9 | 10x6 | 5x7 | 3x12 | 34+21 |
| 28x2 | 11x3 | 60-26 | 15x4 | 87-31 | 28x2 | 55+4 | 12x5 | 16+40 | 15x4 | 76-25 | 6x10 | 12+41 | 30x2 | 90-36 | 2x18 | 80:2 | 4x15 |
| 80-20 | 8x5 | 5x10 | 11x4 | 53-8 | 47+3 | 12x4 | 8x5 | 15+16 | 80:2 | 20x2 | 6+31 | 60-26 | 93:3 | 15x3 | 4x12 | 50-15 | 55+4 |
| 15x4 | 7x5 | 2+44 | 51-9 | 44+6 | 2x25 | 15x3 | 7x5 | 93:3 | 50-15 | 11x3 | 20x2 | 12x3 | 49-4 | 30+13 | 51-9 | 8x5 | 80-25 |
| 5x11 | 50-15 | 3x16 | 45+5 | 4x11 | 5x10 | 22x2 | 5x7 | 3x12 | 60-26 | 18x2 | 11x3 | 4x11 | 25x2 | 77-27 | 45+5 | 7x5 | 10x6 |
| 43+9 | 10x6 | 3x12 | 60-26 | 18x2 | 23+23 | 51-9 | 2x18 | 6+31 | 12x3 | 3x11 | 30+12 | 2x21 | 8x5 | 5x7 | 80:2 | 6x10 | 87-31 |
| 30x2 | 90-36 | 6+31 | 12x3 | 3x11 | 51-9 | 45+5 | 15+16 | 20x2 | 5x8 | 3x15 | 99-56 | 5x10 | 7x5 | 2x18 | 50-15 | 34+21 | 5+55 |
| 23+33 | 26x2 | 64:8 | 4+6 | | 45+5 | 12x4 | 93:3 | 11x3 | 13+33 | 2x22 | 87-40 | 2x22 | | 3+7 | 60:6 | 4x15 | 10x6 |
| 5x12 | 11+44 | 49:7 | 3x3 | | 34+8 | 2x25 | 3x12 | 53-8 | 51-9 | 11x4 | 2x25 | 15x3 | | 36:6 | 2x5 | 55+4 | 23+33 |
| 76-25 | 6x10 | 36:4 | 40:5 | | 4x11 | 10x5 | 49-4 | 44+6 | 45+5 | 2x25 | 63-21 | 51-9 | | 81:9 | 64:8 | 80-25 | 5x12 |
| 2x30 | 34+21 | 15x3 | 4x12 | 44+6 | 2x25 | 15x3 | 5x10 | 11x4 | 12x4 | 49-4 | 25x2 | 45+5 | 20+25 | 3x16 | 22x2 | 10x6 | 76-25 |
| 30+30 | 4x15 | 51-9 | 5x10 | 11x4 | 8x5 | 5x7 | 93:3 | 20x2 | 3x11 | 5x7 | 60-26 | 8x5 | 5x10 | 11x4 | 15x3 | 87-31 | 2x30 |
| 28x2 | 55+4 | 45+5 | 13+33 | 2x22 | 7x5 | 2x18 | 3x12 | 11x3 | 2*20 | 2x18 | 12x3 | 7x5 | 5+45 | 44+6 | 4x11 | 12+41 | 30+30 |
| 5x11 | 80-25 | 11+37 | 8x5 | 50-16 | 16:4 | 30:6 | 6*5 | 44:2 | 3*9 | 2*12 | 20:4 | 30:3 | 93:3 | 5x7 | 4x12 | 27+27 | 10x6 |
| 27+27 | 10x6 | 53-8 | 7x5 | 20x2 | 40:8 | 2X2 | 3*10 | 69:3 | 50-27 | 11+13 | 27-25 | 1+1 | 3x12 | 2x18 | 4x11 | 17x4 | 64-3 |
| 15x4 | 87-31 | 44+6 | 60-27 | 11x3 | 44:2 | 3*9 | 2*12 | 6*5 | 3*10 | 69:3 | 50-27 | 46:2 | 11*3 | 80:2 | 10+34 | 44+23 | 11x7 |
| 33:3 | 2*10 | 2x25 | 5x7 | 93:3 | 9*3 | 3*10 | 48:2 | 3*8 | 44:2 | 11+13 | 50:2 | 50-27 | 8x5 | 50-15 | 3x15 | 32x2 | 80-1 |
| 75:5 | 9+9 | 63-21 | 2x18 | 3x12 | 3*8 | 44:2 | 3*9 | 50:2 | 69:3 | 3*9 | 2*12 | 6*5 | 7x5 | 31+6 | 44+6 | 99-20 | 4x20 |
| 30-11 | 21-10 | 3*5 | 2*9 | 4x20 | 60+12 | 3x25 | 99-20 | 39x2 | 80-1 | 12x6 | 45+21 | 5x15 | 70-9 | 2x32 | 88-22 | 39x2 | 88-9 |
| 11+5 | 3*6 | 90-75 | 8+6 | 41+21 | 17x4 | 57+22 | 11x7 | 64-3 | 32x2 | 61+1 | 17x4 | 44+23 | 12x6 | 58+19 | 12x6 | 57+22 | 17x4 |

blank squares are white

Key:

| | | | | | | | | | |
|---|---|---|---|---|---|---|---|---|---|
| **1-5** | dark red | **6-10** | black | **11-20** | green | **21-30** | light pink | **31-40** | grey |
| **41-50** | light brown | **51-60** | blue | **61-79** | dark brown | | | | |

# 30. ENDERMITE

*MIXED*

| | | | | | | | | | | | | | | | | | |
|---|---|---|---|---|---|---|---|---|---|---|---|---|---|---|---|---|---|
| 60+12 | 39x2 | 88-9 | 16:4 | 20:4 | 30:3 | 45+21 | 5x15 | 70-9 | 2x32 | 88-22 | 32x2 | 80-1 | 17x4 | 60+12 | 40:5 | 3x25 | 4+6 |
| 30-11 | 21-10 | 3*5 | 2*9 | 27-25 | 11+5 | 3*6 | 90-75 | 8+6 | 93:3 | 17x4 | 99-20 | 4x20 | 5x15 | 17x4 | 64-3 | 49-4 | 3x3 |
| 7x5 | 2x18 | 3x12 | 11x3 | 2*20 | 2x18 | 12x3 | 7x5 | 3x12 | 45+21 | 5x15 | 39x2 | 88-9 | 5+45 | 44+23 | 11x7 | 57+22 | 40:5 |
| 3x11 | 5x7 | 60-26 | 8x5 | 93:3 | 5x7 | 8x5 | 50-16 | 11*3 | 17x4 | 23+23 | 57+22 | 17x4 | 60+12 | 32x2 | 80-1 | 70-9 | 64-3 |
| 45+21 | 7x5 | 31+6 | 2x18 | 3x12 | 80:2 | 60-27 | 11x3 | 2x32 | 88-22 | 39x2 | 80-25 | 2x30 | 11+13 | 99-20 | 4x20 | 22x2 | 11x7 |
| 17x4 | 39x2 | 64-3 | 5x7 | 60-26 | 8x5 | 80-1 | 12x6 | 58+19 | 12x6 | 57+22 | 10x6 | 30+30 | 3*9 | 39x2 | 88-9 | 41+21 | 80-1 |
| 5x10 | 64-3 | 11x7 | 4x20 | 99-56 | 45+21 | 32x2 | 61+1 | 69:3 | 34+21 | 29x2 | 87-31 | 28x2 | 2x30 | 34+21 | 44:2 | 45+21 | 4x20 |
| 32x2 | 88-22 | 3x15 | 41+21 | 87-40 | 17x4 | 39x2 | 88-9 | 11+13 | 4x15 | 50+1 | 43+9 | 10x6 | 30+30 | 4x15 | 69:3 | 17x4 | 88-9 |
| 39x2 | 12x6 | 57+22 | 45+21 | 2x25 | 6x10 | 34+21 | 5+55 | 28x2 | 55+4 | 12x5 | 50:2 | 30x2 | 90-36 | 2x30 | 34+21 | 26x2 | 3x3 |
| 57+22 | 12x6 | 58+19 | 17x4 | 63-21 | 34+21 | 4x15 | 10x6 | 5x11 | 6x10 | 87-31 | 2*12 | 23+33 | 26x2 | 30+30 | 4x15 | 11+44 | 40:5 |
| 11x7 | 60:6 | 44:2 | 5x12 | 25x2 | 3*9 | 55+4 | 23+33 | 27+27 | 87-31 | 50-27 | 10x6 | 5x12 | 44+11 | 28x2 | 55+4 | 3*10 | 48:2 |
| 36:6 | 2x5 | 9*3 | 76-25 | 11x4 | 3*10 | 80-25 | 5x12 | 15x4 | 43+9 | 6*5 | 16+40 | 76-25 | 6x10 | 5x11 | 80-25 | 44:2 | 3*9 |
| 11x7 | 17x4 | 39x2 | 88-9 | 5x10 | 64:8 | 11x7 | 4x20 | 60+12 | 3x25 | 99-20 | 39x2 | 80-1 | 12x6 | 57+22 | 40:5 | 45+21 | 5x15 |
| 80-1 | 44+23 | 57+22 | 17x4 | 2x22 | 80-1 | 25x2 | 49:7 | 5x15 | 41+21 | 17x4 | 57+22 | 11x7 | 64-3 | 12x4 | 88-22 | 39x2 | 88-9 |
| 4x20 | 32x2 | 87-40 | 11x7 | 15x3 | 63-21 | 51-9 | 11x7 | 40:5 | 45+21 | 5x15 | 70-9 | 2x32 | 88-22 | 44+23 | 12x6 | 58+19 | 5x10 |
| 11x4 | 99-20 | 22x2 | 34+8 | 51-9 | 25x2 | 5x10 | 39x2 | 2x32 | 87-40 | 17x4 | 64-3 | 17x4 | 44+23 | 12x6 | 58+19 | 12x6 | 57+22 |
| 88-9 | 39x2 | 51-9 | 4x11 | 5x10 | 11x4 | 12x4 | 64-3 | 17x4 | 64-3 | 58+19 | 60:6 | 63-21 | 2x32 | 40:5 | 2x25 | 39x2 | 88-9 |
| 17x4 | 57+22 | 44+6 | 2x25 | 12x4 | 49-4 | 12x6 | 88-22 | 44+23 | 11x7 | 2x25 | 64:8 | 4+6 | 17x4 | 64-3 | 80-1 | 57+22 | 17x4 |
| 60:6 | 45+21 | 99-20 | 10x5 | 47+3 | 11x7 | 40:5 | 12x6 | 32x2 | 80-1 | 99-20 | 49:7 | 64-3 | 44+23 | 11x7 | 32x2 | 45+21 | 60:6 |
| 11x7 | 17x4 | 39x2 | 45+21 | 2x25 | 17x4 | 64-3 | 99-56 | 99-20 | 4x20 | 39x2 | 61+1 | 40:5 | 88-9 | 47+3 | 39x2 | 17x4 | 88-22 |
| 64:8 | 81:9 | 57+22 | 17x4 | 5x10 | 44+23 | 11x7 | 57+22 | 39x2 | 88-9 | 57+22 | 17x4 | 64-3 | 17x4 | 44+23 | 12x6 | 81:9 | 64:8 |

**blank squares are white**

**Key:**

**1-5** red **6-10** black **11-20** orange **21-30** light purple **31-40** yellow

**41-50** dark green **51-60** dark purple **61-79** light green

1. STEVE WITH DIAMOND ARMOR

2. GHAST

3. ALEX

4. HEROBRINE

5. ENDERMAN

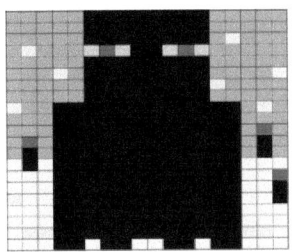

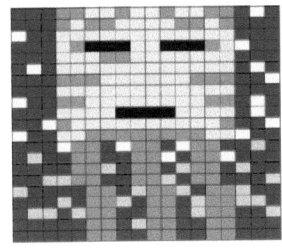

6. CREEPER

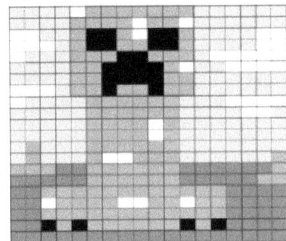

7. FOX

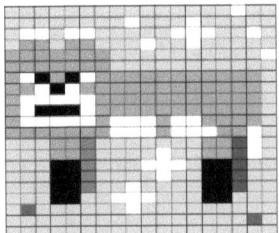

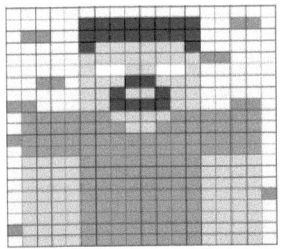

8. BLAZE

9. WITCH

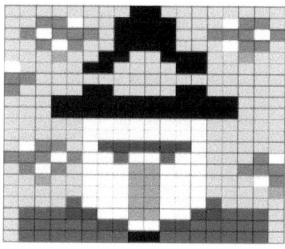

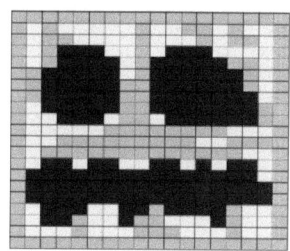

10. WITHER BOSS

11. STEVE

12. IRON GOLEM

13. SNOW GOLEM

14. ENDER DRAGON

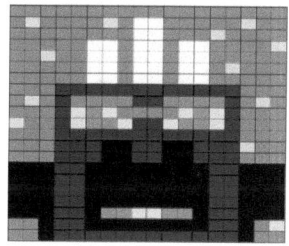

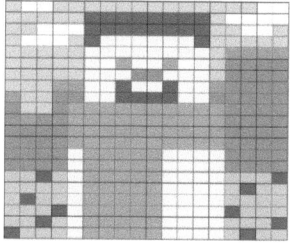

15. MOOSHROOM

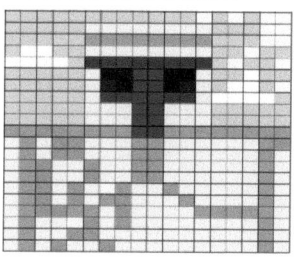

16. ZOMBIE

### 17. VILLAGER

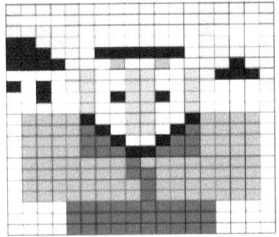

### 18. SKELETON

### 19. SQUID

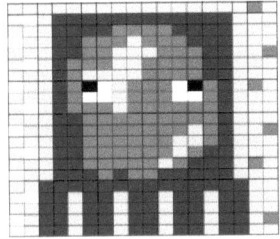

### 20. SPIDER

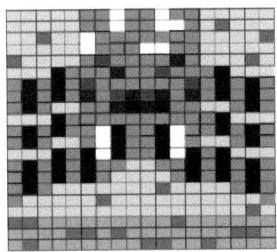

### 21. OCELOT

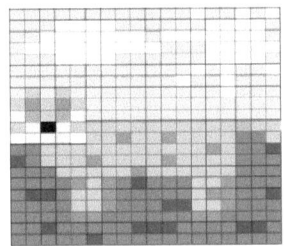

### 22. WOLF

### 23. CHICKEN

### 24. SHEEP

25. PIG

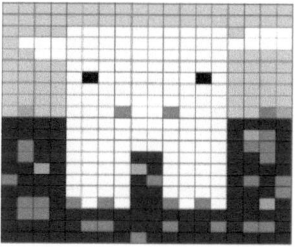

26. HORSE

27. RABBIT

28. ZOMBIE PIGMAN

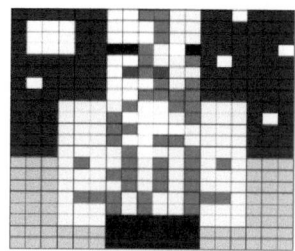

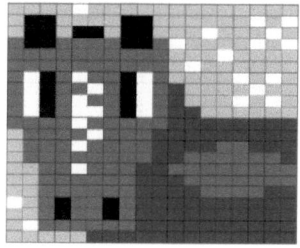

29. COW

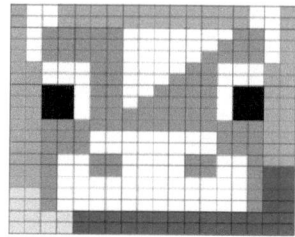

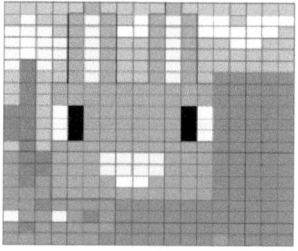

30. ENDERMITE

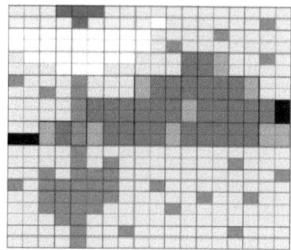

# CREATE YOUR OWN MINECRAFT CREATURE

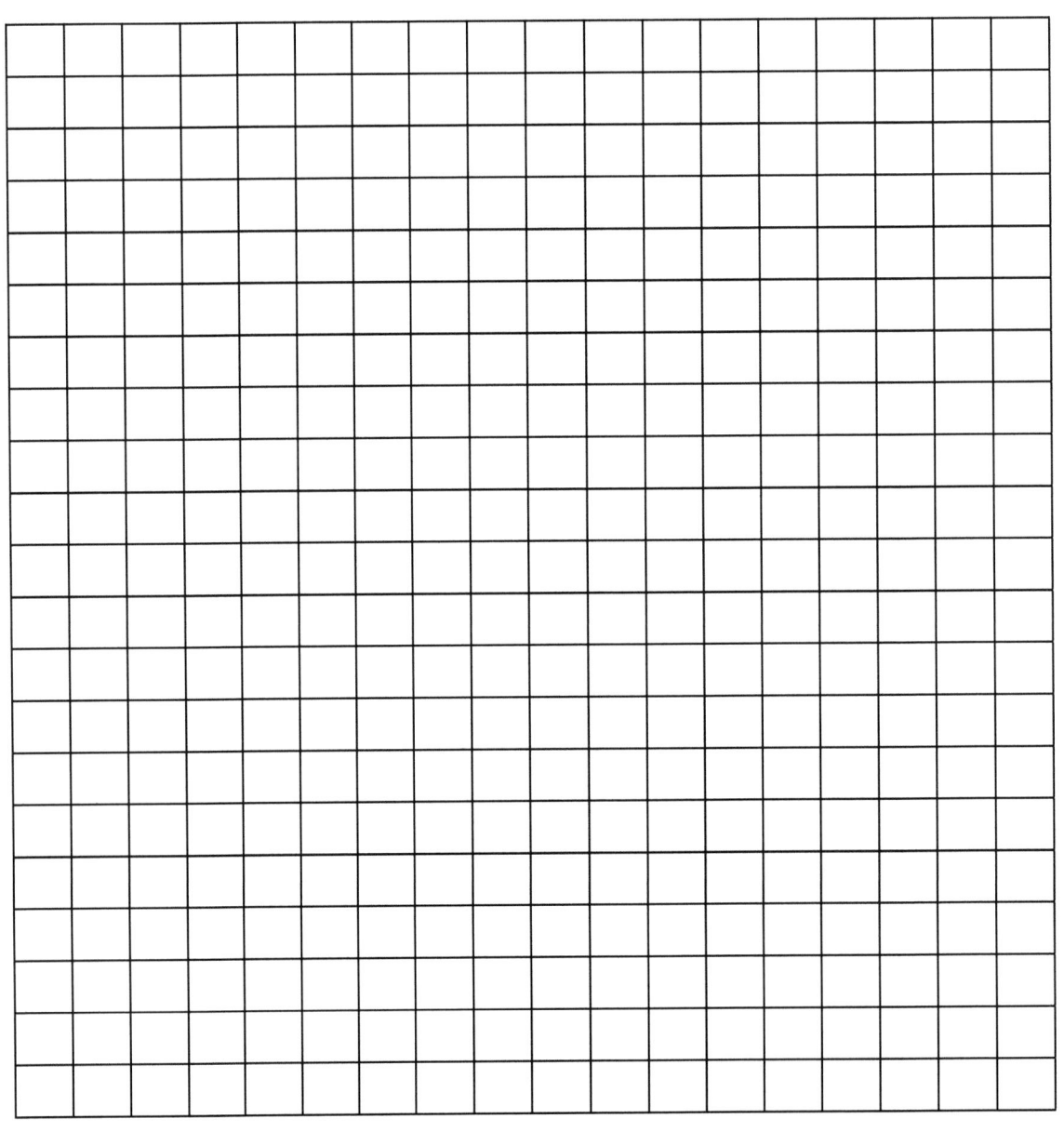

# CREATE YOUR OWN MINECRAFT CREATURE

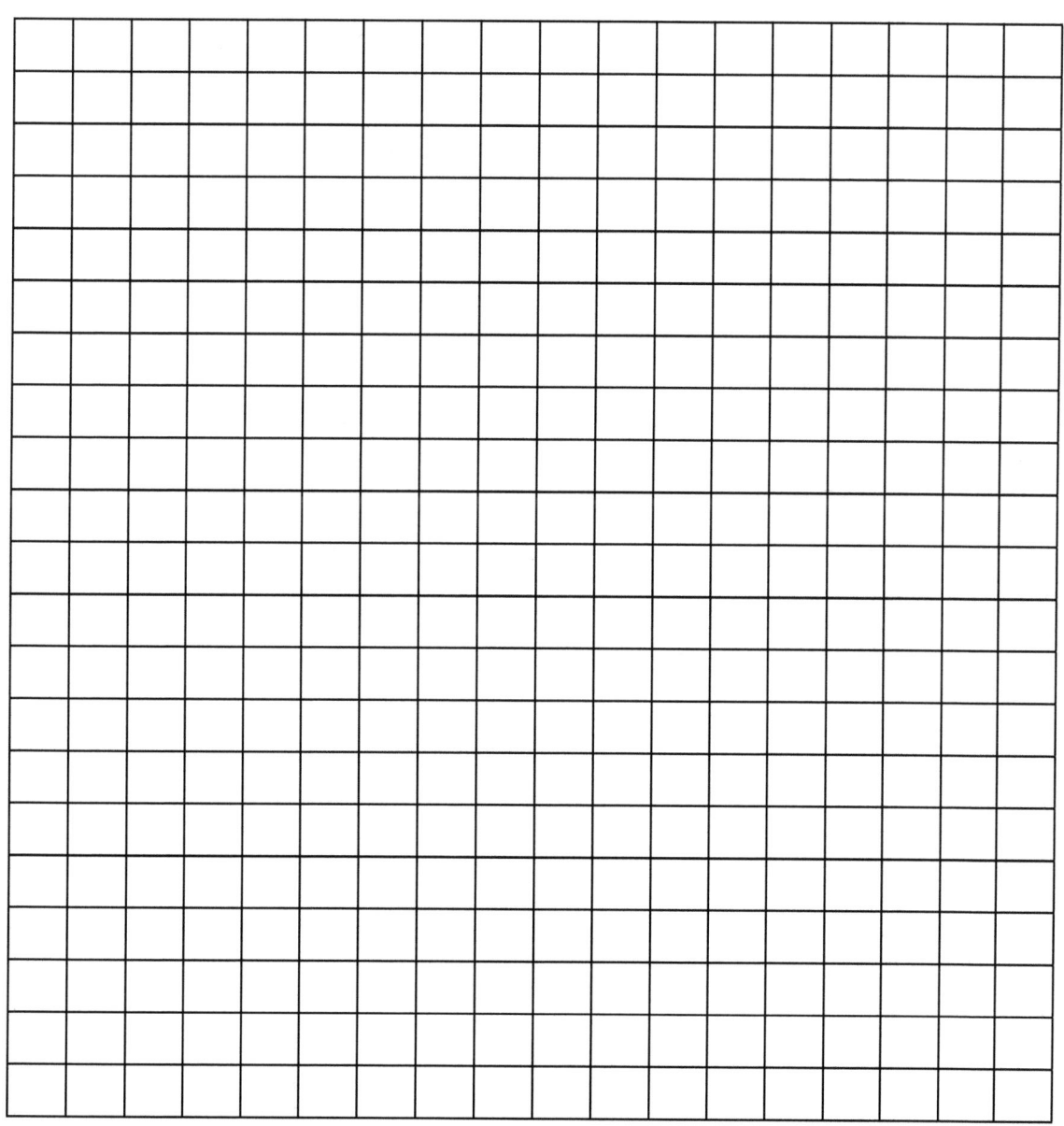

# More books of Theo von Taane

| book | ISBN / order nr. |
|---|---|
| FUNCRAFT - The unofficial Math Coloring Book: Minecraft Minis | 9783743137523 |
| FUNCRAFT - The unofficial Math Coloring Book: Superheroes in Minecraft Skin | 9783743138025 |
| FUNCRAFT - The best unofficial Math Coloring Book for Minecraft Fans | 9783743138933 |
| FUNCRAFT - The unofficial Notebook (quad paper) for Minecraft Fans | 9783743148734 |
| FUNCRAFT - The best unofficial Notebook (ruled paper) for Minecraft Fans | 9783743154186 |
| FUNCRAFT - Merry Christmas to all Minecraft Fans! (unofficial Notebook) | 9783743149151 |
| FUNCRAFT - Happy New Year to all Minecraft Fans! (unofficial Notebook) | 9783743159976 |
| Password Logbook for Minecraft Fans | 9783743163386 |
| Pokefun - The unofficial Notebook (Team Red) for Pokemon GO Fans | 9783743159983 |
| Pokefun - The unofficial Notebook (Team Yellow) for Pokemon GO Fans | 9783743159990 |
| Pokefun - The unofficial Notebook (Team Blue) for Pokemon GO Fans | 9783743160002 |
| Pokefun - The best unofficial Notebook for Pokemon GO Fans | 9783743160040 |
| Majestic Flowers and Butterflies - Adult Coloring Book | 9783739227085 |
| Football 2 in 1 Tacticboard and Training Workbook | 9783734749605 |
| Badminton 2 in 1 Tacticboard and Training Workbook | 9783734749643 |
| Baseball 2 in 1 Tacticboard and Training Workbook | 9783734749650 |
| Basketball 2 in 1 Tacticboard and Training Workbook | 9783734749681 |
| Bowling 2 in 1 Tacticboard and Training Workbook | 9783734749698 |
| Cricket 2 in 1 Tacticboard and Training Workbook | 9783734749711 |
| Ice Hockey 2 in 1 Tacticboard and Training Workbook | 9783734749728 |
| Fencing 2 in 1 Tacticboard and Training Workbook | 9783734749735 |
| Field Hockey 2 in 1 Tacticboard and Training Workbook | 9783734749810 |
| Football (Soccer) 2 in 1 Tacticboard and Training Workbook | 9783734749827 |
| Futsal 2 in 1 Tacticboard and Training Workbook | 9783734749834 |
| Handball 2 in 1 Tacticboard and Training Workbook | 9783734749841 |
| Lacrosse Women 2 in 1 Tacticboard and Training Workbook | 9783734749858 |
| Lacrosse Men 2 in 1 Tacticboard and Training Workbook | 9783734749865 |
| Netball 2 in 1 Tacticboard and Training Workbook | 9783734749872 |
| Rugby 2 in 1 Tacticboard and Training Workbook | 9783734749889 |
| Chess 2 in 1 Tacticboard and Training Workbook | 9783734749896 |
| Squash 2 in 1 Tacticboard and Training Workbook | 9783734749902 |
| Tennis 2 in 1 Tacticboard and Training Workbook | 9783734749919 |
| Table Tennis 2 in 1 Tacticboard and Training Workbook | 9783734749926 |
| Volleyball 2 in 1 Tacticboard and Training Workbook | 9783734749933 |
| Water Polo 2 in 1 Tacticboard and Training Workbook | 9783734749940 |

**...futher titles available and in preparation.**